デジタル 経営学入門

IT経営, eビジネス, マーケティング 編

大嶋 淳俊 著

学文社

はじめに

〜あらゆるビジネス活動にデジタル変革が押し寄せる時代の「新経営学」〜

　本書は，拙著『e ビジネス＆マーケティングの教科書〜情報化社会における
ビジネスの捉え方〜』(学文社) の後継・発展の書である．同書の初版 (2014 年)
は，進化を続ける情報化社会において，ビジネスとマーケティングの動向およ
び特徴を理解し，自らの生活や仕事に役立てることを目的としていた．大学の
講義で毎年使用していく中で必要を感じ，初版に新たな IT 化の動きや事例を
大幅に追加したのが 2016 年の第 2 版である．

　幸運なことに，知己の無い多数の大学において教科書として活用いただき，
大変光栄に思っていた．通常，第 3 版として再び統計データや事例をアップデー
トして出版するのが一般的であろう．

　しかし，今回は『**デジタル経営学入門 〜IT 経営，e ビジネス，マーケティ
ング編〜**』という，大きな構想のタイトルに変更した．というのも，従来の
IT とビジネスの関係で捉える「e ビジネス＆マーケティング」の枠組みだけ
では理解しづらい，従来のビジネスのあり方を大きく変革する「デジタル変革
の波」が到来していると強く感じているからである．

　日本では，古くから経営資源として「ヒト，モノ，カネ」の 3 つと，第 4 の
資源として「情報」があげられていた．「ヒト」は人材や組織，「モノ」は設備
や在庫，「カネ」は資金，「情報」は技術やノウハウ，さらには情報システムを
指す．これらは並列に議論される場合が多かった．しかし，「ヒト，モノ，カ
ネ」など主要な経営資源は，いずれも「情報」によって構成されており，それ
は常に変化し続けている．組織のことを「情報蓄積体」と喝破した学者も過去
にいた．情報システムは，数多の情報をつなぎ合わせて効果の発揮を支援する
仕組みである．そういう意味では，「経営(学)」を語るときに，「情報技術
(IT)」を一緒に捉えるのは至極当然である．そもそも，情報システムの側面か
ら経営を捉えるのであれば，「経営情報(学)」という領域が存在している．そ

れでは，「デジタル経営学」とあえて唱える理由は何であろうか．

それは，近年の「**デジタルトランスフォーメーション(DX)**」や「**デジタルイノベーション(DI)**」などのトレンドワードに象徴されるように，「経営の情報化」「ビジネスの支援ツールとしての IT 活用」の枠を超えて，経営・ビジネスそのものが「AI (人工知能)，IoT (Internet of Things)，ビッグデータ (Big Data)，xR，xG など最新のデジタル化」によって大きく変容・革新しているからである．

さらに，本書を執筆していた 2019 年冬から 2020 年春にかけて COVID-19 (新型コロナウイルス感染症) の問題が世界的に広がった．現在も外出や集会もままならない状況が続いている．企業はテレワークの導入，教育機関は e ラーニングの活用を否応なしに迫られている．大学の就活生たちは，就活時期に対面の企業説明会が続々と中止になり，オンライン説明会やオンライン面接に懸命に対応することになった．商品の販売・購入においても対面が難しくなり，e コマースなどネット活用が急拡大している．

スポーツやコンサート等のイベント，美術館・博物館に行くこと，さらには国内外への旅行も大きく制限されている．特に，地方創生への貢献で大きく期待されていたインバウンド観光促進は凍結状態となっている．

このような生活は「ニューノーマル (新常態／新しい日常／新しい生活様式)」などとも呼ばれている．ニューノーマルでは，基本的な経済社会活動をするうえで，デジタル・IT の有効活用が死命を制するといわれている．組織だけでなく，個人にとっても同様である．デジタル・IT を有効活用できなければ，教育も受けられず，就職活動もままならず，仕事での生産性も確保できず，日常生活にも事欠く世界になっているのである．

このように書くと，"デジタル技術礼賛者"のように聞こえるかもしれないが，実はそうではない．

筆者は数年前に大学の専任教員になるまで，民間企業へのコンサルティング，国際機関事務局への出向，政策に資するための調査研究や事業展開などの分野でキャリアを積んできた．その間に，大学での学術研究や教育にも従事し，情報技術・活用の研究や IT 人材育成のカリキュラムや e ラーニングの教材の開

発なども手がけてきた．根幹として最も重視してきたのは，「組織目標を達成するための人材の育成・開発」である．その一環で，長年，次世代リーダー育成のための研究や実践，さらに海外経営幹部向けのリーダーシップ研修を担当したりもしている．

　経営資源の中でも“ヒト”要素の「人材や組織」を重要視してきたがゆえに，その重要性の根本に大きく影響を及ぼしている昨今のデジタル化の進歩には注目せざるをえない．“人材”の意欲・スキル・潜在能力を可視化して人材の最適活用を図るタレントマネジメントは，以前は概念モデルどまりだったが，「HRテクノロジー」の進化に伴い現実のものとなっている．

　“モノ”要素は，現場でのIoTの普及の進展により，リアルタイムでの正確な状況把握が可能になってきている．“カネ”要素では，FinTechに象徴されるように金融のあり方が大きく変わり，資金調達方法も変わってきている．

　ビジネスにおける情報化といえば，従来，企業内では「経営情報システム」，市場との関係では「eビジネス／eコマース」と分けられていた．しかし，現代のビジネスを理解し実践するうえで不十分になっている．「経営情報システム」はクラウドコンピューティングの普及やビジネスアプリケーションの高度化・進化で企業規模を問わずに「使いこなせる企業か否か」が大きな差別化の要因となっている．「eビジネス／eコマース」の面では，インターネットを使っていかに効率的に販売するかだけでなく，ソーシャルネットワーキングサービス（Social Networking Service：SNS）を軸にした顧客の取り込み・巻き込みからインフルエンサーの活用，リアル店舗との連携など，リアルとネットをデジタルでいかに包含できるかがビジネスの成否に大きく影響する．

　デジタル変革の動きをおこしているデジタル面でのキーワードは，AI（人工知能），IoT，ビッグデータ（Big Data），ロボット，xR，量子コンピューター，ブロックチェーンなど続出している．

　本書はタイトルにもあるように，デジタル時代の経営学として「デジタル経営学」を掲げている．そのため，デジタル変革の新しい動向を鳥瞰したうえで，戦略とイノベーション，組織マネジメント，リーダーシップの重要性と新たなデジタル変革との関係性について整理する．それから「デジタル経営学（Digital x Business Management)」の基本的な考え方について述べる.

ただ，経営(学)の世界とデジタル変革との関係をすべての面から議論するのは，一冊の書籍の手に余る．また，本書はこれからのビジネスとデジタル化の関係に関心をもつビジネスパーソンはもちろん，前著の『e ビジネス＆マーケティングの教科書』を発展させた書籍という位置づけもあり，大学での講義や企業での研修で活用されることを想定している．

そのため，本書は，前著と関係性が近い「経営情報システム」や「e ビジネス／e コマース」と「デジタルマーケティング」分野に比重をおいて構成している．また，大学の講義等で使いやすいように，変化が速い統計データ等は複数年の傾向がわかるものに絞り込み，どこでデータを入手できるかを解説した．また，今後も変化が予測される“(はやり的な)キーワード”はなるべく避けて，本当に重要だと思われる概念，フレームワーク，キーワードに絞って取り上げるように心がけた．

前著では企業事例を多数収録していたが，本書では各自で調べて学ぶ演習的な要素に関連づけるために「ミニ演習」課題として提示することとした．

私事で恐縮だが，筆者は東日本大震災の際に忘れられない経験をしたことがきっかけとなり，大学の専任教員に着任する際に東北での復興支援・地域活性化を志した．そのため，地域創生(地方創生)を目標にした大学での観光マーケティング支援の取り組みを過去数年間，東北で地域と連携しながら実践している．そのような観点から地域活性化と大学教育の試みとデジタル活用についても取り上げる．

以上の理由から，本書は『デジタル経営学入門 〜IT 経営，e ビジネス，マーケティング編〜』とした．ただ，デジタルによって革新される「経営(学)」の世界は，経営戦略や人的資源管理，リーダーシップなど，筆者が強い関心をもつ領域にも広く関わる．筆者が長い間，研究と実践を続けている次世代経営リーダー育成との関係についても議論したいが，それはいずれ続編にて扱いたいと思う．

当初，本書は 2020 年春に出版予定であったが，COVID-19(新型コロナウイ

ルス感染症）が猛威を振るい，日本のみならず全世界の経済社会の行方が見通せなくなるなか，デジタル変革の重要性がさらに高まっていると考えた．そして，本書の「デジタル経営学」の範囲や考え方を見直すべきだとして出版を1年延期した．先はまだまだ見通せないが，2020年からの"ポストコロナ時代（コロナ禍発生以降の時代）"を踏まえて執筆に取り組んだ．

　本書の執筆にあたっては，宮城大学での「経営情報管理」「eビジネス」「ビジネスプロセスマネジメント」「ITマネジメント」（大学院科目）等や，立教大学での「eビジネス＆マーケティング」「経営情報特論」（大学院科目）の講義内容を基にしている．その過程で，さまざまな方々にお世話になった．また，『情報活用学入門』『eビジネス＆マーケティングの教科書』に続いて3冊目となる本書の出版を快諾いただいた学文社の田中千津子社長と，いつも懇切丁寧に編集を担当してくださる落合絵理さんに大変お世話になった．最後に，宮城と東京を往復して仕事をしている著者を応援してくれる家族にも感謝の気持ちを表したい．
　デジタル変革時代を賢く生き抜き，持続的なビジネスを構想し実現するために，包括的な理解と行動指針を検討するうえで少しでもお役に立てば幸いである．

静かに雪の降る日に研究室にて
2021年1月

大嶋　淳俊

目　次

第 I 部

デジタル × 経営学

第 I 部では，グローバルで急速なデジタル変革を生み出している主要因と，そこで経営（経営学）がどのような変革を迫られているのかを概説する．次に，日本の IT 政策の流れと IT 産業の動向について整理する．

1.

グローバル・デジタル変革時代の経営

　本章では，昨今のグローバルな形で急速に進むデジタル変革およびデジタル革新の動向を概観し，新たな経営学として「デジタル経営学」のコンセプトを解説する．

1.1.　グローバルに進むデジタル変革の波

　我々は20世紀から21世紀に移行するなか，さまざまな"情報化"を経験してきた．古くはテレビ，ラジオなどの登場もあるが，ここでは，コンピューターがビジネスで使われるようになってきた1970年代から振り返ってみることにする[1]．

1.1.1.　第1期「コンピューターのビジネス利用の始まり《コンピューター革命》」

　1970年代は，産業界でコンピューターなどITが事業の基幹システムに活用されるようになった時期である．最初は企業内の拠点間のデータ交換に，そして企業間のデータ交換にも使われるようになった．従来の単純なデータ交換から，付加価値通信網（Value-Added Network：VAN）と呼ばれる高度な情報処理サービスが使われるようになった．巨額のIT投資が必要なため，金融機関などの大企業を中心に普及した．

　一方，「IT利用を中心とした経営戦略」「ITによる業務の最適化」にも大きな期待が集まったが，コスト負担や技術の急速な変化，企業のITリテラシー不足等から，実現するのは容易ではなく，限界も認識されるようになった．

1　社会の発展形態の捉え方として，日本政府は「狩猟社会（Society 1.0）→ 農耕社会（Society 2.0）→ 工業社会（Society 3.0）→ 情報社会（Society 4.0），そして令和時代は『超スマート社会（Society 5.0）』を目指す」としている．

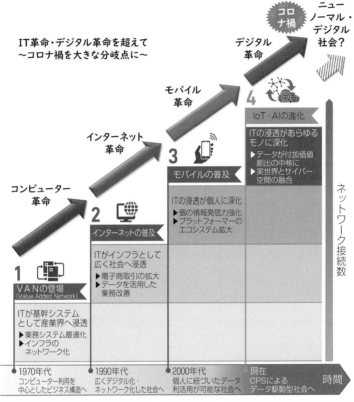

図表1　デジタル化の動向と社会進化

出所：経済産業省(2015)「中間取りまとめ～CPSによるデータ駆動型社会の到来を見据えた変革
　　　～」に大幅に加筆作成

1.1.2.　第2期「インターネットの登場から普及へ《インターネット革命》」

　以前から研究利用されていたインターネットが，欧米を中心に産業界に普及
したのは1990年代であった．インターネット利用により，業務システム改善・
最適化に加えて，外部とのネットワーク化も格段に実施しやすくなった．そし
て，電子商取引（eコマース）が急速に普及し，従来のビジネス取引の枠を大き
く超えて国内外に市場を広げることが技術的に可能になった．国内外の個人客
にインターネットを介して直接アプローチできるBtoCビジネスの道が大きく
拓かれた時期でもある．

　この時期は，当初「あらゆるビジネスがネットワーク化する」と期待され，米国に続いて日本でも IT ベンチャーが続々と登場した．1999 年から 2000 年にかけて「IT 景気・ブーム」と呼ばれたが，2001 年には「IT バブル崩壊」に陥った．

　紆余曲折を経ながらも，情報技術の革新や IT サービスを提供する企業の裾野の広がりもあり，企業のインターネット活用や e コマースは発展を続けた．ただし，この時期は行政や産業界での IT 利用が中心で，個人への本格的な浸透には，第 3 期の IT 利用の次なる深化を待つ必要があった．

1.1.3.　第 3 期「モバイル・SNS の普及へ《モバイル革命》」

　2000 年代からの第 3 期は，インターネット普及と技術進歩の流れの中で，スマートフォンに代表されるモバイル情報通信機器の登場と，ソーシャルネットワーキングサービス (Social Networking Service：SNS) が続々と誕生した時代である．

　スマートフォンに類するものは以前からあったが，米国 Apple 社が 2007 年 1 月に発表した iPhone が象徴的な存在といえる．これにより，高速通信が可能な高機能のコンピューターが自らの手に持ち歩ける時代が始まり，IT が本格的に個人に浸透をはじめた．

　モバイル情報通信機器の普及と相まって，個人の IT 利用の拡大・深化を大きく飛躍させる契機となったのが SNS である．例えば，Facebook は 2004 年，Twitter は 2006 年にサービスが開始された．

　インターネットのブログ利用による個人の情報発信は以前から行われていたが，SNS により誰もが手軽にモバイルでも利用できるようになり，自分の考え・感想などを手の上のモバイルからいつでもどこでも発信するのが日常的になった．それは，消費経済にも大きな影響を与えるようになり，企業だけでなく「個人 (消費者) が新たな消費を創る」経済社会が生まれてきたともいえる．

　つまり，モバイルは，e コマースなどの消費行動と SNS による意見交換が相まって新たな「モバイル・ネットワーク経済」を生み出したのである．

　この時期，従来の IT 業界の巨人であった IBM，Microsoft，Intel とは別に

新興勢力として急拡大したのが，現在，GAFA（後述）と呼ばれるグローバル・プラットフォーマー企業である．

1.1.4. 第4期「AI，IoT，ビッグデータの普及と深化《デジタル革命》」

第3期が「インターネット利用を個人の手の中に」であったが，そのもうひとつの大きな意味は，企業が個人の行動履歴・購買履歴などの膨大なデータを入手しやすくなったということだ．

しかも，2000年代半ばからの第4期では，工場から街中までさまざまなところにIoT（Internet of Things）端末が設置され，機械の稼働状況や人の流れなど多種多様で膨大なデータを把握できるようになった．第2期と比べても格段の規模のデータを把握し分析できる〝ビッグデータ〟時代に入ったのである．

一方，AI研究は学術研究からビジネスへの実用化へと大きく進歩した．そのAIをビッグデータの分析に活用することで，さらに次のビジネスを予測し生み出すのに役立つ取り組みが広がっている．従来の経済活動ではモノや貨幣を軸としていたが，そこに〝データ〟という新たな軸が加わったともいえる．

AI，IoT，ビッグデータについては，後の章で詳しく取り上げる．

1.1.5. 第5期「〝ニューノーマル・デジタル社会〟の到来」

ここでは2020年を境に第5期が始まったと位置づけているが，実はデジタル技術・情報通信技術自体は第4期のものが前提となっている．それではなぜ第5期を設ける必要があるかといえば，2020年から我々の経済社会のあり方を劇的に変化させた新型コロナウイルス感染症（COVID-19）の影響である．

コロナ禍により，ソーシャルディスタンス（社会的距離）が必然とされて，デジタル技術・情報通信技術の経済社会的な重要性は否応なしに飛躍的に高まった．小売り，スポーツ観戦，エンターテイメントなど対面を前提にしたビジネスは極めて難しくなり，eコマースの利用に拒否感があった人たちも使わざるをえなくなっている．テレワークの利便性や重要性は以前からいわれていたが，どれほど啓発しても対面重視を変えなかった日本企業のホワイトカラーが，オンライン営業やオンライン社内会議などテレワーク率7割を目安に導入するよ

うになっている.

　コロナ禍以降, 我々の「新しい日常」は, 例えばこのようになっている.

　　人々が出勤の代わりにテレワーク, 営業活動ではオンライン営業を実施する. 工場の稼働ではなるべく無人化を図る. ホテルや旅館は非接触でデジタル(電子注文やロボット等)を介して接客する. 飲食店の店舗利用は激減して, 代わりにフードデリバリーサービスが広がる. 大学教育では(実習授業以外は)ほとんどがオンライン講義を受講するのでキャンパスに行くことは激減する. ヘルスケア・健康管理から資産形成まで AI 任せにする. スポーツ観戦や音楽イベント鑑賞は自宅でオンラインで楽しむ. 商品から音楽や映像まで e コマースによりダウンロード購入で完結する……

　このような社会であれば, 人々のあらゆる行動履歴(Web 利用履歴, 購買履歴, 位置情報・移動履歴等)をデジタルで把握できるため, 第 4 期で大きく実用化が進んだ AI, IoT, ビッグデータ等の技術がより有効に活用できるようになっている.

　この動きは, 経営戦略や組織のあり方の根幹にも関わるようになっている. 経営の**デジタルトランスフォーメーション(DX)**は 2018 年頃から話題にはなっていたが, 取り組むのは先進企業に限られていた. しかし, コロナ禍でデジタル変革に対応できなければ企業の存続が危ぶまれることになり, IT 化と縁遠い企業まで DX に必死になっている.

　また, マーケティングの世界では第 3 期あたりから「リアルとネットの融合」「O2O(Online to Offline / Off-line to Online)」が大きな課題であった. 次第にネット(Online)の比重が高まってきたが, やはり中軸はリアル(Offline)であった. ところが第 5 期には, 「ネットを中軸に据えて, リアル(感)も取り込む」という「OMO(Online Merges with Offline)」の状況に移行している.

　このような**ニューノーマル(新常態/新しい日常/新しい生活様式)**の実現に"デジタル"が果たす役割は格段に現実的に広がっているので, 「ニューノーマル・デジタル社会」と名付ける.

図表2　ニューノーマル・デジタル時代と個人・組織・社会

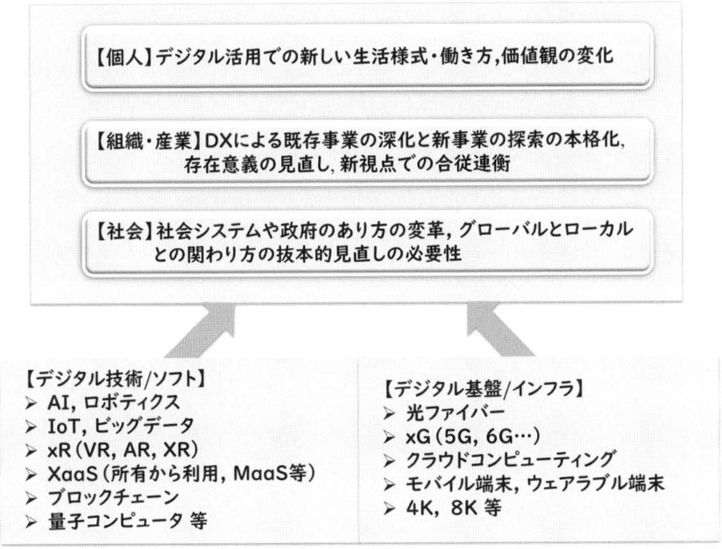

【個人】デジタル活用での新しい生活様式・働き方,価値観の変化

【組織・産業】DXによる既存事業の深化と新事業の探索の本格化,存在意義の見直し,新視点での合従連衡

【社会】社会システムや政府のあり方の変革,グローバルとローカルとの関わり方の抜本的見直しの必要性

【デジタル技術/ソフト】
➢ AI, ロボティクス
➢ IoT, ビッグデータ
➢ xR (VR, AR, XR)
➢ XaaS (所有から利用, MaaS等)
➢ ブロックチェーン
➢ 量子コンピュータ 等

【デジタル基盤/インフラ】
➢ 光ファイバー
➢ xG (5G, 6G…)
➢ クラウドコンピューティング
➢ モバイル端末, ウェアラブル端末
➢ 4K, 8K 等

　「ニューノーマル・デジタル社会」は,これまでの我々の社会から大きく変容している.その影響は,個人レベル,組織・産業レベル,社会レベルに分類して捉えたうえで,それぞれの関連性を考察することが望ましい.また,それに影響を与えるデジタル技術・サービスも急速に多様化と変化を続けている.これをまとめると,次の**図表2**のようになる.

　ワクチンが本格的に普及してコロナ禍が抑制されることを誰もが強く願っているが,そうなって多少の揺り戻しが起きたとしても,この「ニューノーマル・デジタル社会」が本格的に後戻りすることはないだろう.従来は"デジタルではできない"と迷信のように信じられていたことが,創意工夫で相当以上にできることを我々が体験したからである.

　デジタル技術的に第4期と第5期は連続性があり,第5期は第4期のフェーズ2ともいえる.ただ,ニューノーマルを前提としたデジタル活用の経済社会的重要性は大きく飛躍した.コロナ対策など疫学的観点からのAI活用が急拡大したり,ソーシャルディスタンスを担保したりするためのさまざまな新しい

デジタルサービスが生まれているなど，重点分野にも違いがでている．

　第5期は，現役世代はもちろんだが，子ども・学生の社会観に極めて大きい影響を及ぼし，我々のデジタル時代が本格化することになるであろう．

1.2.　デジタル変革を先導するファクター

　前述の第4期以降のデジタル変革を牽引するプレーヤーと技術／キーワードとして主なものを図表3にあげてみた．あなたはいくつ説明できるだろうか？

1.2.1.　主要プレーヤー

　デジタル社会の"主役"として，図表3にはGAFA，GAFAM，FANG，FAAA，BATHと並んでいる．この中で，GAFAが何を意味するか知っている人は増えていると思う．グローバルなデジタル・プラットフォーマーの企業名頭文字の組み合わせである．

　筆者が注目するのは，GAFAMとBATHである．GAFAは，Google，Amazon，Facebook，Appleの4社の総称で「ガーファ」と呼ばれる．しかし，第2期の「インターネット革命」を牽引したMicrosoftも大きく発展を続

図表3　デジタル変革を牽引するプレーヤーと技術

プラットフォーマー	デジタル技術/キーワード
➢ GAFA	➢ AI（人工知能）
➢ GAFAM	➢ ロボット
➢ FANG	➢ IoT
➢ FAAA	➢ ビッグデータ
➢ BATH	➢ xG（5G, 6G）
	➢ xR（AR, VR, MR）
	➢ 超高速コンピューター
	➢ ブロックチェーン 等

※主に第4期以降のものを選定

図表 4　デジタル・プラットフォーマーの概要

企業	主要事業分野	事業概要，新たな動き
米国勢 (GAFAM)		
Google	検索・広告 デバイス開発・販売	世界最先端の検索エンジン企業．検索広告中心．AI 研究も最先端． 検索・広告以外の分野にも事業を拡大中．YouTube をグループ内にもつ． 自動運転技術を長年開発中． 世界最先端の AI，量子コンピュータの研究．
Apple	デバイス開発・販売 ソフトウェア開発・販売	スマートフォン (iPhone) を核とした世界最大のネット・デジタル家電の製造小売． 音楽や映像なども含んだ「Apple 経済圏」を展開． クラウド (iCloud) 事業も展開． Siri など AI 事業も．自動運転技術開発にも乗り出す．
Facebook	SNS・アプリ	世界最大の SNS 企業．コンテンツ・決済等事業領域を拡大． Instagram, Whatsup もグループ内にもつ． モバイルアプリ対応の AI，VR/AR に注力中．
Amazon	EC デバイス開発・販売	世界最大規模の EC 企業．極めて幅白い事業領域で先行・拡大し，世界最大規模の「Amazon 経済圏」を展開中．店舗小売企業も買収してリアルとネットの融合を追求． 世界最大規模のクラウド事業 (AWS) も展開． AI 研究，配送センター自動化，ドローン配送などさまざまな新分野で研究および商用化を行う．
Microsoft	ソフトウェア開発・販売	世界最大のソフトウェアベンダーとして Windows や Office などのソフトウェアを提供． ノート PC などハードウェアも開発． 世界最大規模の法人対象のクラウド (Azure) 事業も展開．
中国勢 (BATH)		
Baidu	検索・広告	中国最大の検索エンジン企業で，検索広告が中心． iQiyi などのコンテンツ配信サービスに加え，決済といった他分野への事業展開を図る．
Alibaba	EC	中国最大の EC 企業．230 以上の事業ドメインをもつ巨大な経済圏を展開中．
Tencent	SNS・アプリ	中国最大のゲーム企業．SNS，決済等事業領域を拡張中．
Huawei	通信インフラ事業 デバイス販売	5G 技術や IoT 技術をもち，世界最大規模の通信インフラ構築． 携帯電話やタブレット端末などの BtoC 向け端末も製造・販売．
日本勢		
ヤフー	検索・広告 EC	ポータルサイト Yahoo! JAPAN による広告事業，Yahoo shopping，paypay モール，ヤフオクなどの EC 事業を中心に，コンテンツ配信サービスや金融決済などさまざまな分野に広げて巨大経済圏を展開． LINE と経営統合を予定しており，グローバル競争体制を構築中．
LINE	SNS・アプリ	コミュニケーションアプリ「LINE」をサービスプラットフォームとして，SNS やエンターテインメント系，金融 (LINE Pay)，通信 (LINE モバイル) など他分野にもサービスを展開．
楽天	EC デバイス販売	日本最大規模の EC 企業．決済，保険，旅行等，事業分野を多岐に広げて「楽天経済圏」を展開中． ユーザデータ等を活用して，他の各種サービスの高度化に取り組む． 「楽天経済圏」拡大の一環で携帯電話事業にも参入．
メルカリ	EC (CtoC)	CtoC マーケットプレイスの最大手「メルカリ」を中心とする． スマホを利用したさまざまなアプリ (サービス) を模索． データ (商品トレンド，利用者行動，問合せ内容など) を分析・活用．

出所：総務省 (2019)『情報通信白書 令和元年版』等を参考に大幅に加筆作成

けていることから，GAFAM と括る方が適切だと考える.

　GAFAM が全て米国 IT 企業であるのに対して，急追しているのが中国の巨大 IT 企業軍である. BATH は，Baidu, Alibaba, Tencent, Huawei の 4 社の総称となる.

　これら以外にも，略語名の中に Google の代わりに親会社にあたる Alphabet を入れる場合や，米国の Netflix や NVIDIA を入れる場合もある.

　ここで気になるのは，日本企業や欧州企業など，米中以外の企業が入っておらず，グローバル・プラットフォームを握っていないことである.

　なぜプラットフォームを握るのが重要なのだろうか. それは，自社が主導する**エコシステム（ビジネスエコシステム，経済圏）**を構築できるかどうかが重要だからである. "エコシステム"とは元々，ある領域（地域や空間など）において，生物が相互依存しながら生態系を維持する関係性を示す生態系の用語である.

　最近では，さまざまな製品・サービスが繋がりながらインターネット上で大きなシステムを形成する状態を"エコシステム"と表現することが増えている. 例えば，e コマースなど商品の売買だけでなく，それに伴う金融サービスや流通サービスなども自社で一括して主導できれば，収益は競合相手に流れず確実に自社のエコシステムで持続的に確保できるようになる. つまり，自社で一種の「経済圏」を構築することにしのぎを削っているのである. 一番わかりやすい例が，Amazon といえよう.

　GAFAM が全世界に広がっているのに対して，BATH は現在のところは中国・中国語圏が主対象なので単純に比較するのは適切でないが，その急拡大する規模・スピードと技術力の高さで注目される.

　一方，日本ではヤフーを傘下にもつ Z ホールディングス（ZHD）や楽天グループが e コマース・プラットフォームを中心に独自のエコシステム構築に取り組んでいる. しかし，GAFAM には規模的にも収益力の面でも大きな差がでている. Z ホールディングス（ZHD）と LINE が経営統合することにしたのは，グローバル競争に遅れまいとした危機感からともいわれている.

《ミニ演習》

グローバル・デジタル・プラットフォーマー (GAFAM や BATH) について，次の項目を参考に一覧表を作って比較し，今後を予測してみよう．

①基本データ：創業年とその時代背景，創業者・現経営者のプロフィール，企業理念・目標，時価総額

②現在の中核事業と強み，現在取り組んでいる新規事業，主な顧客

③競合企業，連携企業，行政との関係

④中核事業で「深化（深掘り）」が望ましい分野とその理由・やり方

⑤今後の新規事業で「探索（広げる）」が望ましい分野とその理由・やり方

【応用編】日本のデジタル・プラットフォーマーを一覧表に入れて比較してみよう．注目すべき新たなプラットフォーマーがあれば，それも比較してみよう．

1.2.2. デジタルトレンド

デジタル社会のトレンドを創り出す技術や製品・サービスは目まぐるしく進歩し多様化を続けている．例えば，**図表3**に掲載されている「デジタル技術／キーワード」の「AI，ロボット，IoT，ビッグデータ，xG (5G, 6G)，xR

図表5　デジタル時代の主要技術・サービスの構造

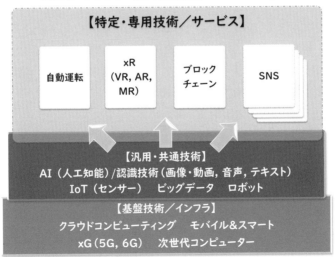

（AR，VR，MR），次世代高速コンピューター，ブロックチェーン」について，自分の言葉で他者に説明できるものが何個あるだろうか．これらは第 4 期からのものを中心に取り上げたが，他にも第 3 期のモバイル＆スマート，クラウドコンピューティング，SNS も，これからのデジタルトレンド形成に重要な役割を担っている．

　今後も増えていくことを考えると，追いきれなく思うかもしれない．そこで，分類して構造的に理解した方がよいだろう．

（1）基盤技術／インフラ

　クラウドコンピューティングやモバイル＆スマートなどデジタル社会の "基盤／インフラ" に関わる技術のことである．超高速大容量の通信規格として知られる 5G やその次に来る 6G などは総称として "xG" と呼ぶが，これも無線通信での基盤技術といえる．

　また，スーパーコンピューターや量子コンピューターなど次世代コンピューターの性能向上が，波及的に他の「技術・サービス」を飛躍させるのに大きな影響を及ぼすことになる．

（2）汎用・共通技術

　センサー等を利用した IoT の普及が続き，Web や IoT などから多種多様で膨大なビッグデータが生み出される．このビッグデータを AI（人工知能）で分析して次のビジネスに活かすという図式が成り立つ．

　AI はさまざまな解釈があるが，一般化すれば「人間が行う知的作業をソフトウェア等で実現する技術や研究」といえる．具体的には画像・動画，音声，テキストなどの「認識技術」があげられる．

　これらは次の「特定・専用技術／サービス」を機能させる際に広く使われるという点で「汎用・共通技術」と呼ぶ．なお，ロボット（ロボティクス／ロボット工学）は AI と一緒に表記されていることが多く，ここに記載している．

（3）特定・専用技術／サービス

　特定の目的で利用される技術・サービスは続々と誕生している．ここでは "自動運転" "xR（VR，AR，MR）" "ブロックチェーン" を例にあげてみた．SNS は「ネット上での交流・コミュニケーション促進」という特定の目的をもって

いるとしてここに分類している.

デジタル時代の主要技術・サービスの分類方法は，それぞれの意味をどう捉えるかによって変わる．例えば，AIを認識技術に絞って考えれば「特定・専用技術／サービス」と位置づけた方がよいかもしれない.

SNSのように「特定・専用技術／サービス」の中で他と意味合いがかなり異なるものもある．AIとよく並んで取り上げられるロボットを"汎用"ととるか"特定"ととるかは，その意味するところに依拠する面がある.

この構造図はあくまで目安にはなるが，それぞれの要素については，本書の中で解説することとする.

ぜひ，自分ならどのような構造図をつくるのか，考えてみてもらいたい.

1.3. デジタル変革時代の経営学「デジタル経営学」

経営（Business Management）は，企業だけでなく，行政機関，NPOなどあらゆる組織にあてはまる．ここではわかりやすい例として特に企業経営に焦点を当て，基本を復習したうえで，デジタル化との関わりによる変化・進化を考察する.

1.3.1. 「経営の基本要素」とデジタル化

昔の経営学の本を読んだ人が「経営の基本要素（経営資源）は？」と聞かれたら"ヒト，モノ，カネ"の3要素を答えるだろう．その後，情報化社会が進むにつれて，4つ目の"情報"が加わって「経営の4要素」などと呼ばれる.

"ヒト"は"自社のために働く人材"，"モノ"は「商品，各種設備など保有する物理的なもの」，"カネ"は「会社が保有する資金」などとわかりやすい．一方，"情報"は「企業活動で発生する各種のデータと，それを管理する経営情報システム」とする場合が多いが，広く解釈して「自社のノウハウ・特許などの無形資産全般」とする人もいる.

この4つの要素は一般的に同列で扱われている場合が多いが，疑問に思わないだろうか．言葉通り"情報"で考えるのであれば，"ヒト，モノ，カネ"の資源が企業活動で活用されるときに，常に"情報"は発生している.

図表 6　「経営の基本要素＆メカニズム」×デジタル化

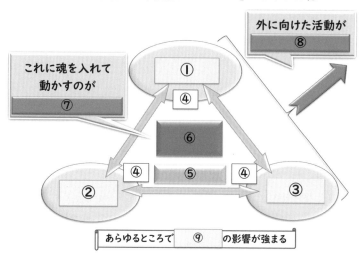

また，これらの要素（経営資源）は，有機的に組み合わせて機能して，企業活動としての成果を生み出す．そのためには「マネジメント（システム）／組織を動かす仕組み」が必要になる．効率的に機能するために必要なのが，「経営情報システム」となる．

ただ，これだけでは企業は動かない．組織として進むべき方向性を「戦略」として示し，人と組織が動くように「リーダーシップ」を発揮する必要がある．さらに，外部に働きかける活動を「マーケティング」と位置づける．なお，根源的に重要な「経営理念」「存在意義（Purpose）」の要素は記載していない．

少々荒削りのまとめ方だが，これを一枚の図にすると**図表 6**のようになる[2]．

では，デジタル化はどう関わるのであろうか．すべての要素とメカニズムに対してとなる．

➢ 「ヒト」：企業経営者は「我が社で最重要なのは人材（人財）」とよくいう．
　　ところが，そうであれば真っ先に着手すべき「人材の能力・意欲・適性などの見える化」は，他の基本要素の中で最もアナログのままでデジタル化

2　①〜⑨に当てはまるべき用語は，本文にすべて示されている．

が遅れているといわれていた．ところが近年，その"最重要資源"を本気で「"見える化"して有効活用」するために，人材マネジメントの分野にデジタル技術を活用する「HRテクノロジー（HRテック）」の波がきている．重要性を指摘されてきた「タレントマネジメント」について，HRテクノロジーの活用で実現に一歩近づいている企業もある．近年注目されるテレワークも「働き方のデジタル活用」である．

➤ 「モノ」：商品の製造や流通の設備の利用・運用にデジタル化を活用する動きが早まっている．特に，IoTの普及でビッグデータを把握して，有効活用することが可能になっている．ただし，設備をサイバー攻撃から守ることにも配慮する必要がある．

➤ 「カネ」：保有資産の有効活用にデジタルを利用するのはもちろん，資産を守るためにデジタルを理解することも極めて重要である．

➤ 「マネジメント（システム）」と「経営情報システム」：上記の資産を有機的に結合して有効活用するためには，経営情報システムはもちろん，事業活動全体の見える化を目指すERP（Enterprise Resource Planning）などを介してマネジメントシステムを適切に行うことが求められる．

➤ 「戦略＆リーダーシップ」：戦略を考え，リーダーシップを発揮するうえでも，デジタル社会とテクノロジーの動向を理解して判断・行動することが大前提である．コロナ禍以降，「デジタル化／DX化の理解が乏しい経営者がいることが，企業の最大のリスクのひとつ」ともいわれるほどである．

➤ 「マーケティング」：現代のマーケティングは，「デジタルマーケティング」とほぼ同義語になりつつある．

以上を踏まえて，デジタル経営学の基本概念を次のように整理する．

「デジタル経営学」とは，あらゆるビジネスの要素と局面（活動プロセス）において，デジタル進化を織り込んで経営を思索し実践するための「経営学」

経営の改善・成長に終わりがないように，ビジネスが続く限り「経営×デジタル＝デジタル経営」にも終わりはない．昨今は"デジタルトランスフォーメー

ション (DX)″ が頻繁に語られるが，コロナ禍を乗り切ったら以前の状態に戻ることは避けるべきである．2020 年 4 月〜5 月の日本の緊急事態宣言の間はテレワークを徹底していたのに，解除後はテレワークを大幅縮小・廃止してもとのワークスタイルに戻ったり，ビジネスプロセスのデジタル化の動きを緩めてしまったりした日本企業は少なくない．これは経営トップの意識が影響していると思われる．

　ポストコロナ時代は，現在の組織改革として DX だけでなく，「持続的な DX＝Sustainable DX (SDX)」を企業の長期戦略に組み込んで行動することが望ましい．

1.3.2.　価値創造プロセスとデジタル化

　企業活動の最終目標は何であろうか．多くの人が「(顧客への) 価値創造 (Value Creation)」と答えるであろう．以前は「顧客」といえば自社の商品・サービスを利用するユーザーを主に指していたが，社会課題が増大する中では枠を広げて「コミュニティー」「社会全体」を想定して議論することも増えている．

　この「価値創造」を生み出すための一連の事業活動・プロセスをわかりやすくあらわした古典的に有名なフレームワークが「価値連鎖 (Value Chain)」である．これは，米国バーバード大学のマイケル・ポーター教授が 1985 年の著書『競争優位の戦略』で発表したもので，企業活動の内部環境を整理したフレームワークである．

　ポーターは事業活動・プロセスを「主活動」と「支援活動」と大きく 2 つに分類した．「主活動」には購買物流，製造，出荷物流，販売・マーケティング，サービスがこの順序で構成される．「支援活動」は事業活動・プロセスを支えるという意味で，インフラストラクチャー (全社的な管理業務)，人事・労務管理，技術開発，調達から構成される．1980 年代の主役であった製造業を前提として考案されたものだが，サービス業にも応用できる．

　この考え方を，21 世紀のデジタル変革時代を前提に再考したものが，次の**図表 7** になる．ポーターの 1985 年版と大きく異なるのが，「全社 (戦略，機能)」と「個別 (事業プロセス)」とを分類したことである．「全社」は個別の事業プ

図表7　デジタル時代の価値連鎖フレームワーク

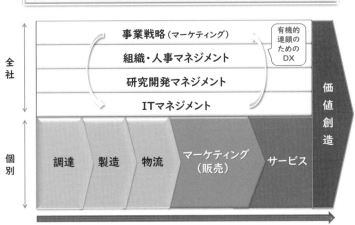

出所：ポーター，マイケル（1985）『競争優位の戦略』のバリューチェーン図等を参考
　　　に作成

ロセスを支援するというよりは，その方向性を示すとともに単なるインフラを
超えた社内プラットフォームをイメージしている．特に企業規模が大きくなれ
ばなるほど，この部分の重要性が増すと捉えている．

　「全社（戦略，機能）」の構成要素も「支援活動」のものとは異なる．まず事
業活動の方向性を示す「事業戦略（策定・遂行管理機能，マーケティング戦略）」
を上位に据えている．「個別」の中にも「マーケティング」があるが，これが
主に販売活動を想定しているのに対して，ここでは全社や商品，サービスのブ
ランド戦略も含めた全社マーケティング戦略を意味している．

　そして，「組織・人事マネジメント」「研究開発マネジメント」「ITマネジメ
ント」で構成している[3]．ITマネジメントを最下部においているのは，これが
ITシステム・プラットフォームとしてERP的な形で全社機能の効率的な管理

---

[3]　全社機能としては財務や法務などもあるが，ここでは他の機能に分散・吸収した
　　想定である．

を想定しているからである．これら 4 つの機能には，単なる IT 化を超えたデジタル変革 (DX) による個々のマネジメントの効率化と同時に，「事業戦略」の方針の下での有機的な連鎖・結合が期待されているのである．

これに対して，「個別 (事業プロセス)」は，調達，製造，物流，マーケティング (販売)，サービスの流れで構成している．特に現代社会においては，マーケティングの重要性が増しており，それを示すために本図では比率を大きくしている．「個別」の各事業プロセスにおいて，デジタル変革 (DX) により個々の効率化はもちろん，それぞれの連携と加速化を後押しできる．

例えば，調達は「電子調達」，製造は「IoT 活用でコストダウンと生産性向上を両立」，物流は「自動化による自動配送」，マーケティングは「AI とビッグデータ活用によるデジタルマーケティング」，サービスは「AI による無人化」など，デジタル化が目に見えた影響をもちうる．

ここであらためて強調しておきたいのは，現代企業における「全社 (戦略，機能)」の重要性である．米国の Apple や，無印良品で知られる良品計画のように，自社では生産設備をもたず，製品・サービスの企画設計・マーケティングを担う「ファブレス経営」が増加している．生産設備保有コストや維持リスクを回避できるので高利益を上げやすいと思われているためだ．大手だけでなく，先端的な中小企業やベンチャー企業から，シェアリングビジネスを企画・運営する企業まで，続々とこの経営方式に参入している．このような経営方式の場合，「個別 (プロセス)」の多くは，アウトソーシングできてしまう．

このような理由から，現代企業における「全社 (戦略，機能)」の重要性を示すため，この図では支援機能ではなく，上位の存在として位置づけているのである．

もちろん，ファブレス経営が万能なわけではない．ユニクロで知られるファーストリテイリングやスペインの世界最大のアパレル会社 ZARA などに代表される事業形態である SPA (Specialty store retailer of Private label Apparel) と呼ばれる，製品の企画設計から製造・物流・マーケティング等まで一貫して自社で手掛け，デジタル化で「個別 (プロセス)」を強固に連動させて高速化を図るとともに，「全社 (戦略，機能)」との全体最適を図る企業も多数ある．アパレ

ルだけでなく，家具等の国内販売最大手のニトリも SPA 的手法に力をいれて
いる．

　これまで，現代企業の事業活動での価値連鎖におけるデジタル変革の意義を
解説してきた．デジタル技術・サービスの急速な進化で，デジタル変革はさら
に大きな役割を果たすと思われる．

1.3.3. 「両利きの経営」イノベーションとデジタル変革

　現代の企業において，イノベーション（革新）の創造と継続は最重要課題のひ
とつである．しかもデジタル変革によって新たな局面を迎えている．まずは簡
潔に，イノベーション論の展開を振り返ってみよう．

　イノベーション論の創始者として知られるのが，1912 年の著書『経済発展
の理論』でイノベーションを**新結合（New Combination）＝新たな組み合わせ**
というキーワードで説き起こした，欧州の経済学者 ヨーゼフ・シュンペーター
（Joseph Schumpeter）である．彼は，これまでの経験や知識の延長線上ではな
く，創造的な視点での「新結合」を通じて新しい商品・サービスを創造する過
程を「創造的破壊（Creative Destruction）」と呼び，それが経済発展の推進に繋
がると主張した．

　イノベーションを経営の世界に体系的に取り込んだのが，米国の経営学者・
経営思想家でマネジメント（Management）概念の開拓者ピーター・ドラッカー
（Peter Drucker）である．

　ドラッカーは 1954 年の著書『現代の経営』で次のように述べている．

　企業の主目的である「顧客創造」を続けるために必要な基本的機能は「マー
　ケティング」と「イノベーション」の 2 つである．マーケティングは，顧
　客を理解し，ニーズに応えることで顧客創造に寄与し，イノベーションはこ
　れまでにない価値を創造して顧客を満足させて顧客創造につなげる．それゆ
　え，マーケティングとイノベーションの両方を適切にマネジメントすること
　が大切だ．

　彼は 1985 年の著書『イノベーションと企業家精神』で，イノベーションについて体系的に議論している．イノベーションの種は自社の内外のあらゆるところに眠っており，企業家精神と知的努力によってイノベーションを起こすことができると主張している．

　1990 年代以降，イノベーションの議論を先導したのが，米国の経営学者 クレイトン・クリステンセン (Clayton Christensen) である．彼は，1997 年の著作『イノベーションのジレンマ (*The Innovator's Dilemma*)』で，大企業が過去の成功体験に縛られるがゆえに，新興企業に対して競争優位を失っていく企業の研究を積み重ねた．そして，イノベーションには，従来製品・サービスの改良に重点をおく「持続的イノベーション (Sustaining Innovation)」と，従来の価値を破壊して全く新しい価値を追求する「破壊的イノベーション (Disruptive Innovation)」があるとしている．

　そして，2000 年代から新たなイノベーション論として広く知られているのが，『両利きの経営』である．米国の経営学者チャールズ・オライリーとマイケル・タッシュマンにより，2016 年に原著 *Lead and Disrupt : How to Solve the Innovator's Dilemma* が出版された (日本語では 2019 年出版) が，出版以前から論文により世界的に知られている．

　両利き (Ambidexterity) の経営とは，"両手がうまく使えるように**知の探索 (Exploration) と知の深化 (Exploitation)** を高次元でバランスよく実行する経営"のことである．

　「知の探索 (Exploration)」とは，シュンペーターの「新結合」のように新たで多様な「知の組み合わせ」により新たなビジネスモデルや商品・サービスを創造することを指す．これに対して，従来から企業が保有する「知」を改善するなど深掘りしながら利益を生み出す行動を「知の深化 (Exploitation)」と呼んでいる．ここでいう「知」がわかりにくいが，企業がもつビジネスのナレッジ，ノウハウなどと捉えてよいであろう．

　「両利きの経営」論の重要な指摘は，企業は得てして「知の探索」を怠り，「知の深化」に傾斜しがちで"両利き"ではなくなるというものだ．「知の深化」は既知の分野で深掘りをするので取り組みやすく，コストも抑制でき，確実性

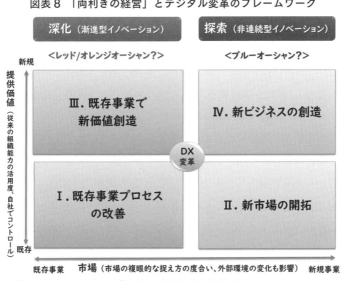

図表8 「両利きの経営」とデジタル変革のフレームワーク

出所：オライリー 他（2019）『両利きの経営』等を参考に作成

も高くなる．つまり短期的な利益を見込める．これに対して，「知の探索」は自分の認知範囲外に取り組むので難しく，コストもかかり，不確実性も高い（つまり失敗しやすい）と思われるからである．これを「コンピテンシー・トラップ」と呼んでいる．しかし，これまでのイノベーション論の積み重ねからわかるように，「知の探索」を怠れば，いずれ新興勢力に遅れをとる時期がくる．

　「両利きの経営」論の支持が高いのは，企業経営者が経験的に気づいていることを，企業の事例研究を積み重ねて"納得感のある理論"にまとめて，わかりやすく解説しているところにある．

　それでは，実際に企業がイノベーションを追求する時に，どのようなフレームワークで考えればよいであろうか．また，そこでデジタル変革はどのように関わるであろうか．これをまとめたのが**図表8**である．

　X軸に「市場」として既存事業か新規事業，Y軸に「提供価値」として既存か新規かとして，Ⅰ〜Ⅳの4つの象限に分類した．なお，「X軸の市場」については，「市場の複眼的な捉え方の度合い，外部環境の変化」も影響すると

考えている．また，「Y軸の提供価値」については，「従来の組織能力の活用度，自社でコントロール」できるかが関係すると位置づけている．

　この視点で整理すると，第Ⅰ象限と第Ⅲ象限は「(知の)深化」，第Ⅱ象限と第Ⅳ象限は「(知の)探索」に分類できる．また，クリステンセンの議論との融合を試みると，「深化」は「漸進型イノベーション」，「探索」は「非連続型イノベーション」と関連づけられる[4]．

　デジタル変革との関係については，各象限のタイプに応じて，それぞれ活用の視点と力点の置き方に違いがある．デジタル技術・サービスの新動向とそれぞれの活かし方を理解しているかどうか，そして実際の「深化」「探索」の動きに適切に組み込めるかどうかが鍵を握る．

　昨今は“デジタルトランスフォーメーション(DX)”が一般的に知られているのでここでは「デジタル変革」としているが，変革と革新は表裏一体であるべきなので，“デジタルイノベーション(DI)”も常にあわせて考えるべきである．

　「両利きの経営」でオライリーとタッシュマンは，経営リーダーの重要性を指摘している．これはデジタル変革の導入にとっても同様で，経営リーダーのイニシアティブが大きな影響力をもつ．

　このようなフレームワークは使わなければ意味がない．次に，これを使うミニ演習を用意したので，取り組んでいただきたい．そして，それを通じて，ぜひ自分の納得のいくフレームワークにアレンジしてみてもらいたい．

4　一つの試みとして，欧州のINSEAD(欧州経営大学院)教授のW・チャン・キムとレネ・モボルニュが唱えた経営戦略論『ブルー・オーシャン戦略(*Blue Ocean Strategy*)』(2004年　初版)との関連づけも検討した．「ブルー・オーシャン」は競争相手のいない未開拓市場，「レッド・オーシャン」は競争の激しい市場と分類して，「ブルー・オーシャン」を開拓すべきだと論じている．「探索」は「ブルー・オーシャン」に重なるところが多い．一方，「深化」は既知の市場であるが，必ずしも競争が激しい市場とは限らないので，「オレンジ・オーシャン」ぐらいであろうか．

《ミニ演習》

企業の戦略とイノベーションを理解するための演習です.
あなたが関心をもつ企業2社(1社は大企業,もう1社はベンチャー企業)を選ん
で,その企業の事業活動を調べて,**図表8**で示している I ～Ⅳの象限に当ては
めて分析して下さい.
【**応用編**】コロナ禍でも成長を続けている企業を選んで,その企業が過去数年間,
どのような戦略で行動してきたのかを,上記と同様の方法で分析して下さい.
そして,そのような結果を生んだ理由を検討してみましょう.

1.3.4. ビジネスモデル,ビジネスプロセスとデジタル化

　日本では,驚くほど「ビジネスモデルの議論が盛んだ」という印象をもってい
る.ビジネスモデルの事例集・図鑑やパターン化されたものは数限りなくあ
る.ひとつには,コロナ禍前はベンチャーブームが再来しており,大企業でも
新規事業創出は至上命題として盛んに社内でハッパをかけたり,外部のベン
チャー企業と連携を試みる動きが盛んだったりしたからであろうか.また,大
学生や高校生向けにもビジネスコンテストが盛んで,ビジネスモデルを学ぶニー
ズが若い世代にも強かったことも影響しているのかもしれない.

　ただし,書籍等でビジネスモデルとして紹介されている時点で,その内容は
抽象化されたり陳腐化したりしていることにも気をつけた方がよい.また,"ビ
ジネスモデル"の話なのか"ビジネスアイデア"レベルのことなのか,"実行
するビジネスプロセス"までも含んだ話なのかなど,曖昧な議論が多い.

　ここでは,筆者なりにこれらの議論を整理してみよう.**図表9**にあるとおり,
「ビジネスアイデアを基にした(ビジネスの)仕組み」のことを「狭義のビジネ
スモデル」と呼ぶ.そして,実際にビジネスを実行する「ビジネスプロセス」
まで含んでいる場合は,「広義のビジネスモデル」と呼ぶ.

　ビジネスモデルの議論は,狭義か広義かでその内容の"重さ(充実すべき度合
い)"は大きく異なる.というのも,狭義のビジネスモデルが**図表7**の「価値
連鎖フレームワーク」の"イメージ図"レベルなのに対して,広義のビジネス
モデルはその全体像を明確にして各機能が動く仕組みとステップまで用意する

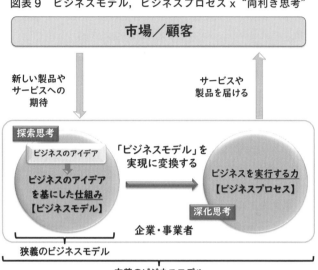

図表 9　ビジネスモデル，ビジネスプロセス x "両利き思考"

出所：山本政樹 (2015)『ビジネスプロセスの教科書』を参考に作成

必要があるからである．そして，前者には「経営リーダー像」はさほど必要な
いが，後者には広義のビジネスモデルを機能させるための「経営リーダー像」
が欠かせないことも忘れてはならない．つまり，「誰が，何を，どのようにや
るのか，リーダーシップを発揮するのか」ということである．より成功度をあ
げるには，経営リーダーだけでなくマネジャー層についても検討しておく必要
がある．

　さらに，「両利きの経営」から「探索」と「深化」の思考との関係性につい
ても検討してみた．**図表 9** では，関係性の強さのイメージから，ビジネスア
イデアと狭義のビジネスモデルに「探索思考」，ビジネスプロセスのところに「深
化思考」を配してみた．ただし，既存事業の深掘りからビジネスアイデアを捻
り出すのであれば「深化思考」がそこに関係するし，ビジネスプロセス面での
非連続的イノベーションを志向するなら「探索思考」が必要になる．

　以上を踏まえて，ひとつの思考実験として次のミニ演習に取り組んでもらい
たい．

ビジネスモデルとビジネスプロセスの概念をよく理解したうえで，それぞれを
説明する好例として説明できる企業を 2 社ずつあげてください．
①　優れたビジネスモデルの好例として取り上げた 2 社は，なぜそのビジネス
　　モデルを構築できたのでしょうか？
②　優れたビジネスプロセスの好例として取り上げた 2 社は，どのようにその
　　プロセスを構築し，機能させているのでしょうか？
　以上の説明を，図示化して解説してください．
【応用編】"両利き思考"と関係づけて，上記の事例を図表 8 の 4 つの象限と関
連づけて解説してみましょう．

1.3.5.　「デジタル経営学」が目指すもの

　これまで見てきたように，経営のあらゆる要素と局面（活動プロセス）におい
て，デジタルの活用は飛躍的に重要となっている．しかし，理論的整合性の精
緻化よりは，その動態的な特徴を，戦略とイノベーション，マネジメント，リー
ダーシップ，マーケティングなど従来の重要な経営学の議論と絡み合わせて考
え，実践する概念として発展させていくべきだと考える．実践の先に目指すの

図表 10　「デジタル経営学」が目指すもの

25

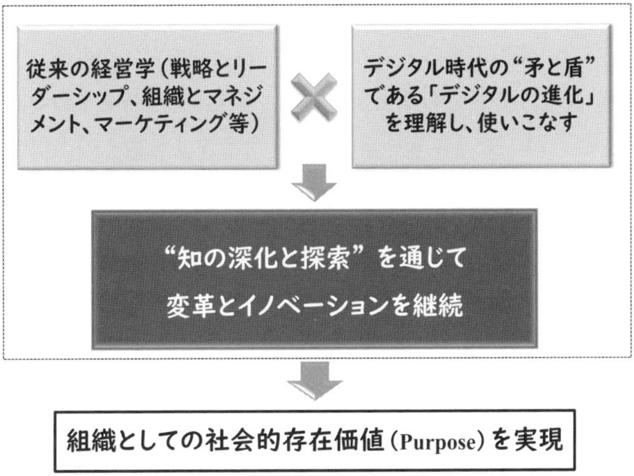

は，個人や組織の本来の存在価値 (Purpose) の追求と，その総和としてのあるべき社会である．

　これをひとつに整理すると，**図表 10** のようになろう．まだ荒削りな議論ではあるが，研究・教育・実践を積み重ねていきながら体系化を志したい．

　これまでデジタルの重要性を強調してきたが，**図表 10** の「組織としての社会的存在価値 (Purpose)」を忘れないために，最後に，いつの時代にも大切で普遍的な言葉を紹介したい．筆者が尊敬するドラッカー教授の有名な「5 つの問い」である[5]．

〈ドラッカーの普遍・不変の「5 つの問い」〉[6]

第 1 の問い	われわれのミッションは何か	What is our mission?
第 2 の問い	われわれの顧客は誰か	Who is our customer?
第 3 の問い	顧客にとっての価値は何か	What does the customer value?
第 4 の問い	われわれの成果は何か	What are our results?
第 5 の問い	われわれの計画は何か	What is our plan?

　彼が語るように，「私 (I)」ではなく「我々 (We)」として考える点が大切である．これは，日本古来の「三方よし」の経営理念や，近年では SDGs の考えにも通じるものがある．

　我々は今，デジタル技術の飛躍的な進歩に翻弄され，コロナ禍で先行きが見えずに不安になりがちである．こういう時，自分たちだけが直面していると思いがちだが，数千年の世界の歴史を見れば，産業革命や情報革命など大きな変革は幾度も起きている．「ニューノーマル・デジタル社会」の出現で，大きなパラダイムシフトの時代に踏み込んでいるが，ドラッカー教授の普遍・不変の考えを自らの軸に据えて，自問自答しながら，歩んでいくことが大切であろう．

5　筆者が 2000 年頃にドラッカー教授を訪問した際，有名企業から多くの経営幹部が真摯に教えを請いに来ている様子を見て感銘を受けたのをよく覚えている．講義の中でも，このように根本的・哲学的な問いを展開しておられた．

6　Drucker, Peter F. (2008) *The Five Most Important Questions You Will Ever Ask About Your Organization*, Wiley.

《発展学習のポイント》

1. あなたが関心をもつデジタルトレンドは何であろうか．それは，あなたが
   関心をもつビジネスにどのように関係するであろうか．

2. 「両利きの経営」でいう「知の深化と探索」の思考方法で，あなたの関心を
   もつ企業を分析してみよう．次に，最近のデジタル技術・サービスを具体
   的にどのように活用できるかを考えてみよう．

3. デジタル変革の実践において，経営リーダーに必要な能力とは何であろうか．
   それはどのように身につければよいであろうか．

情報化社会からデジタル社会へ

　我々の経済社会は，IT の進化や普及とともに変化を続けてきた．そして，近年のデジタル化により，さらに大きな変革期を迎えている．

　本章では，日本の経済社会構造の変化を振り返ったうえで，情報化社会からデジタル社会への動きを解説する．

2.1.　日本の経済・社会構造の変化と情報化

　日本は 20 世紀後半から 21 世紀に入り，人口動態など根本的な経済社会構造の変化に直面している．それに情報化も大きく影響を受けている．まず，その現状を探る．

　国家を規定する最も根源的な存在が「人」である．日本が世界最速クラスで少子高齢化が進んでいるのは誰もが知っていよう．古くはローマ帝国の歴史をひもとくまでもなく，人口構造・構成の変化により「国のかたち」が変容して衰亡する例は枚挙にいとまがない．

　その課題解決の手段の一つとして強く期待されるのが情報化・デジタル化である．そこで，人口動態の状況と情報化の関係について整理する．

2.1.1.　日本の人口は 2008 年がピーク，生産年齢人口は 1990 年から減少

　総務省統計局「国勢調査」と国立社会保障・人口問題研究所「日本の将来推計人口」を基に日本の人口の推移をみることとする．戦後から 1980 年代頃まで順調に伸びていた日本の人口は，その後伸びが鈍化して 2008 年をピークに減少が続いている（**図表 11**）．

　人口推計による日本の人口の見通しでは，2030 年には約 1 億 2000 万人，2053 年には 1 億人を割り，2060 年には約 9,300 万人になると推計している．日本は「人口減少社会」の道を突き進んでいるのである．

図表 11　少子高齢化の進展と生産年齢人口の減少

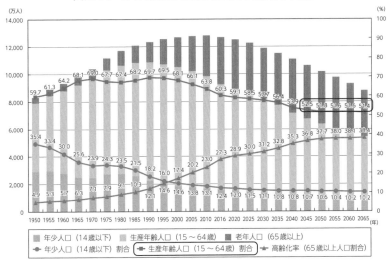

資料：総務省統計局「国勢調査」(年齢不詳の人口を按分して含めた。)及び「人口推計」、国立社会保障・人口問題研究所
　　　「日本の将来推計人口（平成29年推計）出生中位・死亡中位推計」(各年10月1日現在人口)
(注)　1970年までは沖縄県を含まない。

出所：厚生労働省『平成29年版 厚生労働白書』p.20, 図表 1-2-7

　生産年齢人口 (15～64歳の人口) は，少子高齢化の進行を受けて1995年をピークに減少している．これが近年いわれている「産業界における人材不足」の根本的な原因である．

　2020年時点で6割を切っており，2045年頃には5割まで落ち込む見通しである．生産年齢人口の減少は，日本経済の潜在成長率を押し下げる大きな要因になる．人口および生産年齢人口の減少は，経済社会に大きな影響を与える．首都圏・中京圏・近畿圏など三大都市圏以外の地域 (以下，「地方圏」) の人口減少の程度は，地方圏から三大都市圏への人口流出も相まってさらに加速化している．

　地方創生・地域創生が叫ばれており，政府予算も大規模に投入され続けてきたが，人口流出はあまり変わっていない．ただし，コロナ禍を境に，テレワークの普及や，地方もしくは大都市の周辺地域に移住するという動きが一部に出

ている.

　IT を活用したテレワークという柔軟な働き方が普及し，またそのような働き方に親和性の高い IT 産業の成長があれば，このような動きを後押しする要因になると思われる.

2.1.2.　高齢化率は 25％を超え，鍵を握る "2 つの団塊世代"

　高齢化率（65 歳以上人口の総人口に対する割合）は，1990 年に人口全体の約 12％だったのが，2016 年には約 27％まで増加した．さらに 2025 年には約 30％，2065 年には約 40％になると予想されている．これは，団塊世代（1947～49 年生まれ）と団塊ジュニア世代（1971～74 年生まれ）といった人口のボリュームゾーンが高齢人口の核になっていくからである.

　この 2 つの団塊世代の IT リテラシーを高め，IT 活用のニーズを汲み取って，求められるニーズを満たすことができるかが，日本の情報化社会の進展に大きな影響を及ぼすと考えられる.

2.1.3.　世界最速で「超高齢社会（超少子高齢社会）」

　人口学的には，総人口のなかで 65 歳以上の高齢者の割合が増加することを「高齢化」という．そして，高齢者人口が全人口の 7％を超えると「高齢化社会」，その 2 倍の 14％を超えると「高齢社会」，さらにその 3 倍にあたる 21％を超えると「超高齢社会」と呼ぶ．今でも一般的に「高齢化社会」や「高齢社会」という用語が使われるが，実際には数年前にすでに「"超"高齢社会」に突入しているのである.

　さらに，日本の少子高齢化の特徴としてあげられるのは，高齢化の速度である．高齢化社会から高齢社会への移行が他の欧米諸国と比べても非常に速い．フランスが 114 年間，アメリカが 69 年間，イギリスが 46 年間，ドイツが 42 年間かかっているのに対して，日本はわずか 24 年間で高齢社会に移行した．世界で最も急速に「超高齢社会」に移行した国だといえる.

　国や地方公共団体などはさまざまな少子化対策を打っているが，今のところ改善の兆候はみられない．さらに，コロナ禍で先行きへの不安なども影響して

出産を控える動きも一部にあるという．日本はこれからも「超少子高齢社会」かつ「人口減少社会」を国のかたちの前提とするしかない．では，情報化でどのような対応が考えられるのであろうか．

2.2. 「超少子高齢・人口減少社会」の影響とデジタル化

少子高齢化は 20 年以上前から"いずれ来る将来の課題"として扱われていた．一般に注目されだしたのは「2007 年問題」がささやかれはじめた 2005 年頃からだが，そこからも 15 年以上経過した．その間，日本は十分な手を打てないまま問題を先送りし，急速に**超少子高齢・人口減少社会**になっている．

これは，経済の需要と供給の両面にマイナス要因となり，中長期的に経済成長を阻害する可能性が高いといわれている．この影響と IT 化での対応の可能性について，「需要（国内市場）」「供給（労働力）」そして「社会関係（人と人との関係）」の観点からみてみよう．

2.2.1. 需要（国内市場）

少子高齢化・人口減少は，多くの分野で国内需要の減少をもたらしている．もちろん，少子高齢化の課題解決のための新たな需要が生まれてはいるが，減少分を補う程になっていない．そのため，多くの企業に海外進出の動きがある．

このような市場規模縮小の中で，IT 化でどのような対応が考えられるだろうか．わかりやすい例として，少子高齢社会の構成メンバーを考えた製品・サービスの開発が考えられる．高齢者が確実に増えていくなかで，情報化に求められるのは高齢者にも使いやすい**ユーザビリティの改善**である．

キーボードやマウスを使うパソコンより使いやすいといわれるタッチパネルの急速な普及は，高齢者も含めた利用者層の拡大に繋がると期待されている．スマートフォンやタブレット端末は，直感的に指でタッチして操作できるほか，音声入力や小さな文字の拡大などが可能となっており，超高齢社会にマッチしている．今後は，機器としての操作だけでなく，アプリケーションの面でも，高齢者対応が必要とされよう．また，高齢者に限らず，子育て世代を支援するためのアプリ開発など，新たなニーズに対応する動きもある．

　さらに，第1章で述べた「第4期技術・サービス（AI，IoT，ビッグデータ等）」やデジタルマーケティングの手法で隠れたニーズを深掘り（深化）し，新たなニーズを探す（探索する）ことが考えられる．コロナ禍で市場ニーズは大きく変化しており，それを捉えることで市場を拡大する可能性はある．

　介護分野などで取り組まれているように，早期に「超少子高齢・人口減少社会」になったがゆえに蓄積されたサービス・技術のノウハウを基に海外展開する可能性は十分に考えられる．

2.2.2.　供給（労働力）

　少子高齢化・人口減少により，生産年齢人口が着実に減少している．似たような状況に陥った先進国では，移民を受け入れて生産年齢人口の増加と若年化に取り組む例があるが，日本は今のところその道をとっているとはいえない．代わりに，"女性の社会進出・女性活躍"という名の下で女性の就業率を高める政策がとられている．しかし，女性の就業率が高まっても，非正規雇用の比率が男性より多いことや主要産業や多くの地域で依然として女性管理職が少ないことなど，日本の企業文化や雇用慣行の問題がある．

　シニア人材の雇用延長なども広がっているが，定年退職後は待遇や役割の減少に伴い，十分に意欲と能力を引き出しているかという点も指摘されている．

　単に労働力不足という"量"の問題ではなく，企業などの人材マネジメントのあり方や就業者の意識といった"質"の両面の問題を抱えている．では，IT化でどのような対応が考えられるであろうか．まず，"量"の問題の解決策として，ロボットやAIの導入による職場の効率化とコスト削減である．

　日本は産業用ロボット分野では世界トップクラスで，生産現場の効率化はすでに進めてきた．これにIoTやAIを組み合わせることで，さらに効率化と精度向上が期待できる．欧米や中国が先行しているサービスロボット分野でも大企業からベンチャーまで取り組み，成果が出つつある．

　コロナ禍でのソーシャルディスタンスのために飲食店での配膳や小売店・事務所での清掃にロボットを活用するなど，サービスの簡略化・省力化・効率化が急速に広がっている．激増する輸送・物流問題や働き手不足には，自動運転

やドローンの活用なども考えられる．これらは"量"の問題への対応といえる．

"質"の問題はどうであろうか．社員が意欲を持続して能力を発揮してもらえるような職場・組織にするために，テレワークなどの柔軟な働き方を採り入れることが考えられる．テレワークと並んでコロナ禍で急増しているのが，オンライン学習（eラーニング）である．教育・人材育成機会の拡大と効率化の手段として活用され，新たなビジネス分野としても，改めて注目されている．

それ以外にも，**HRテクノロジー（人事・人材マネジメント分野でのIT）**を有効活用することでさまざまな対策が講じられうる．例えば，タレントマネジメントシステムを導入して，社員の意欲・能力を的確に把握して適材適所に配置し，長期的なキャリア開発プランを適用たりして有意に働き続けられるなども考えられる．

ここでは，改善すべき課題を"量"と"質"の視点で整理して，IT化による対応策の一例をあげた．これを，「両利きの経営」の思考方法で，"既存活動の課題解決の深掘り（深化）"と，"新たな応用方法を探す（探索）"の視点で考えてみれば，さらにさまざまな対応策が見えてこよう．企業経営を大きく改善・飛躍させるため，デジタル変革は極めて重要な役割を担えるはずである．

2.2.3. 社会関係（人と人との関係）

少子高齢化・人口減少により社会構造やコミュニティのあり方も変容し，さまざまな問題が生じている．例えば，独居世帯の増加や地域の人口減少の加速化に伴い，従来型のコミュニティーの維持が困難になっていることだ．

いいかえれば，**ソーシャル・キャピタル（Social Capital, 社会関係資本）**が毀損している状況である．ソーシャル・キャピタルとは，他者との"信頼関係"，交流の"規範"，繋がりとしての"（人的）ネットワーク"を軸に人々の協調行動が活発化すれば社会の効率性を高め，全体で豊かさを享受できるという考え方である．物的資本（Physical Capital）や人的資本（Human Capital）と並ぶ概念だという．他にも多様な解釈が存在しているが，人と人との結びつきとしての「社会関係」自体が捉えにくい面があり，このような議論をするうえで参考になるであろう．

価値観の変化・多様化により，社会関係の基本となる人と人との結びつきが希薄化し，新たな摩擦の火種になっている．

2011 年の東日本大震災の時は，全国から東北の被災 3 県 (福島，宮城，岩手) にボランティアが大勢集まって支援するなどコミュニティー再生の機運がみられたが，その後，全国各地で地震・台風・洪水等の大規模災害が多発して，徐々に余裕もなくなっていた．そんなときにコロナ禍により日本を含む世界全体で問題を抱え，さらに厳しい状況になっている．

人と人との関係性の新たな問題の原因として，ソーシャルメディアの誤用・悪用などの面もみられるのは，忘れてはならない．このような環境下，IT 化でどのような対応が考えられるであろうか．災害時にもよく指摘されており，コロナ禍でニーズがますます高まっているのが，ソーシャルメディアを活用した人と人との "つながりの促進" である．当初，主に若者が人とつながるために使っていたソーシャルメディアは，独居世帯やコロナ禍で孤立する人の増加に伴い，高齢者も含めたさまざまな世代に広がった．子どもや孫と話したいという高齢者世帯のニーズから，オンラインでコミュニケーションする機会が増える動きもみられる．これらを容易にできるタブレット等の通信端末，アプリケーションやサービスの開発には，ますます大きな役割が期待されている．

その他，防災・災害対策面には IoT とビッグデータが活用できる．ソーシャルメディアの適切な利用・運用には，AI やビッグデータが有効活用できると考えられる．コミュニティー内で見過ごされていた課題が，ソーシャルメディアでの個人の発言を通じて明らかになり，関係者の議論を通じて対処方法が講じられることもでてきた．また，その対処方法を他のコミュニティーが学ぶことも可能になっている．

ソーシャルメディアなど IT を介して人と人をつないだり，IoT とビッグデータの活用で人々の行動や隠れたニーズを把握したりすることは，課題解決に役立つが，別のトラブルが生じることもあり，"諸刃の剣 (もろはのつるぎ)" といえる．人と人との関係性の新たな問題の原因として，ソーシャルメディアの誤用・悪用などの面もみられるのは忘れてはならない．

2.2.4. 社会課題解決のための「IT 化，デジタル化」×「両利き思考」

　これまでみてきたように，"超少子高齢・人口減少社会"は経済社会にさまざまなマイナス要因を抱えているが，それが我々社会の現実である．ただし，2.2.1〜2.2.3 で述べたように，IT 化，デジタル化の有効活用で，課題に対処するだけでなく，新たなニーズの発掘や現在より生産性を上げるなどのメリットを享受する可能性が生まれている．これらの組み合わせにより，人々の交流と協調をうまく創出できれば，ソーシャル・キャピタルの蓄積・拡大が図られることが期待される．

　こうしてみると，「両利きの経営（思考）」で述べた「（知の）深化」と「（知の）探索」の思考方法が，ここでも幅広く適用しうることがわかる．

《ミニ演習》

世界最速で「超少子化・人口減少社会」となった日本は，さまざまな課題を抱えています．次の 3 つの分野それぞれについて具体的な課題を 3 つ以上あげて，「（知の）深化」と「（知の）探索」の思考方法を基に，デジタル技術・サービスでの対応策を提案してみましょう．

(1) 需要（国内市場）　(2) 供給（労働力）　(3) 社会関係（人と人との関係）

【応用編】上記 (1) 〜 (3) であげた課題と対応策の関係性を 1 枚の図にまとめて下さい．また，各要因の関係性の強さについて線の太さで表して下さい．

2.3. 情報化社会の大きな分岐点

　日本における情報化の流れは第 1 章で概観した．さらに第 2 章では日本の置かれた超少子高齢・人口減少社会の課題と情報化との関わりを議論した．

　ここでは，日本の経済社会構造に加えて，情報化の面からも大きな影響を及ぼす分岐点となった極めて大きな 2 つの事柄について整理する．

2.3.1. 東日本大震災〔2011 年 3 月 11 日〜〕

　2011 年に東北地方を中心におきた日本史上最大規模の大地震・津波災害である．東日本大震災は，日本の経済社会や企業における情報化の問題を浮き彫

りにした.

　個人的な体験談になるが，筆者は 2011 年 3 月 11 日に，東京の霞ヶ関で仕事中に被災し，交通機関が麻痺してしまったため，品川のオフィスに戻るのに数時間かけて暗くなるなかを歩いた. このことは，10 年以上経った今でも鮮明に覚えている. 携帯電話やインターネットなどの通信手段は全く使えず，通信インフラの脆弱性についても身をもって知った.

　ようやくインターネットが使えるようになっても正確な情報や被害状況はなかなか把握できなかった. そうした日本社会の危機的状況にもかかわらずSNS でデマが流れるなどの問題が起きていた.

　この震災では，サーバーや通信インフラに被害を受けて業務の再稼働に時間を要した企業が多数あり，**事業継続計画**（Business Continuing Plan：BCP）の重要性と，クラウドコンピューティングの利用の必要性などの認識が産業界に広がった.

　被災地域では，特に多数の高齢者がインターネットを使えず，災害支援しようにも連絡がとれなかったり，正確な情報を把握できなかったりといった"情報弱者"となり困難な状況に直面した. 緊急時において**デジタルディバイド（情報格差）**が人の生命にも影響を及ぼすことが再認識された. これにより，子どもでも高齢者でも使いやすい情報通信端末の開発やユーザビリティーが注目されるようになった.

　余震が続いたため，個人が孤立する傾向にあったことから，人と即座に柔軟につながったり助けを求めたりできる SNS が単なる娯楽ツールではなく，インターネット上の"ライフライン"として重視されるようになった. LINE は，東日本大震災が契機となって 2011 年 6 月にリリースされたサービスである.

　このような大規模な社会的危機により IT が重視され期待が高まるのである.

2.3.2.　新型コロナウイルス感染症（COVID-19）〔2020 年〜〕

　新型コロナウイルス感染症拡大（以下，コロナ禍）の問題は現在も続いており，まだ先行きもわからないが，日本の IT 化からデジタル化の深刻な問題点を新たに浮き彫りにしているので，簡潔に整理してみたい.

図表12　コロナ禍の Before & After ～「デジタル活用」の視点～

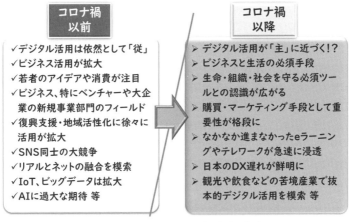

出所：大嶋淳俊（2012）『情報活用学入門』学文社等を参考に作成

　東日本大震災は日本史上最大規模の災害だが，主に東北地域に被害が集中しているのに対して，コロナ禍は全国民と世界が大きな影響を受けている．また，"ソーシャルディスタンス"という言葉に象徴されるように，これまでの経済活動や日常生活の過ごし方に大きな変化を迫られている．

　そうしたなか，ビジネスから生活まであらゆる面でIT化・デジタル化が重視されている．第1章の**図表1**の第3期に加えて第4期であげた AI・IoT・ビッグデータなどに代表されるデジタル技術・サービスが，まさに我々のライフラインに重要な役割を担っている．

　第1章 1.1.5 でも述べたように，ビジネスの世界では 2018 年から経済産業省を中心に盛んに"デジタルトランスフォーメーション（DX）"の必要性が説かれていたが，当時は一部の先進企業を除いて取り組みは進んでいなかった．それが，コロナ禍によりあらゆる企業が真剣に検討せざるをえなくなっている．

　行政も過去 20 年間にわたり IT 化に莫大な予算を投入して推進を続けてきたにもかかわらず，コロナ禍への対応でまだアナログな事務書類を続けたり，情報システムがばらばらのままで連携がとれなかったりと，問題点を露呈している．だからこそ，コロナ禍という最大の危機を，デジタル社会に向かう「転機」として活用するため，産官学で日本社会のデジタル変革・革新に真剣に取

り組む必要があろう.

《ミニ演習》

コロナ禍においてあらゆる企業が大きな影響を受けてデジタル変革を迫られている. 日本において 2020 年 4〜5 月の第 1 次緊急事態宣言の解除後, テレワークを定着させたうえで, それを前提に問題点を発見して生産性を上げる方策を講じる企業がある. 一方, 以前のように社員が出社するのを促す企業がある(ただし, 業種や職種によるテレワークの適合性は留意する必要がある).

　今後も非常事態宣言の有無に影響される面はあるが, あなたがこの課題に取り組む時点で, 関心をもつ業界・企業ではどのような動きがあるだろうか. それを次の図に当てはめて回答してみよう.

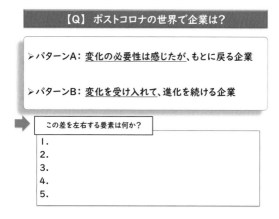

【Q】 ポストコロナの世界で企業は?

➤パターンA: 変化の必要性は感じたが、もとに戻る企業

➤パターンB: 変化を受け入れて、進化を続ける企業

この差を左右する要素は何か?

1.
2.
3.
4.
5.

【応用編】自分であげた「この差を左右する要素」の重要度で上から並べ替えてみよう. それはどのような要因で変化するのかも書き出してみよう.

《発展学習のポイント》

1. 超少子高齢・人口減少化の日本社会において情報化・デジタル化はどのような影響をもつだろうか.

2. 超少子高齢・人口減少化の動きは, あなたが関心をもつ業界や企業にどのように関係するであろうか.

3. ポストコロナ社会において, デジタル化はどのように関わっていくであろうか. 身近な例を思い起こしながら, 具体的に考えてみよう.

IT 政策と IT 産業の動向

　国の IT 政策は，日本の情報化社会の基本的な進路を示している．そして，IT 産業はあらゆる産業と関わって生産性向上を後押しするとともに，自らも成長産業として日本経済に大きな地位を築いている．

　本章では，2000 年以降の日本における IT (Information Technology) 政策の動きと，IT 産業の概況を解説する[7]．

3.1.　日本の IT 政策の変遷

　日本の IT 政策のこれまで約 20 年の主な動向を整理する．

　1990 年代以降，インターネットの進化と普及が進む中，IT 産業が成長産業であり，すべての産業の革新を後押しし，国民生活の向上に大きく寄与するという期待から，先進国間を中心に IT 競争が繰り広げられている．日本では，2000 年頃から国の政策として IT 戦略を掲げて取り組むようになった．2000 年頃からの日本の IT 戦略の流れは次のように整理できる (**図表 13**)．

　最初に「高速ネットワークインフラの整備」をはじめた．次に，インフラ整備を進めつつ「IT 利活用の進化」に 10 年近く取り組んだ．そして，ビッグデータが喧伝されるようになった頃から，「データの利活用，デジタルガバメントの実現」を掲げた．

　そして，デジタル変革 (DX) ブームを後押ししながら，元号が令和に変わったことも踏まえて「Society 5.0」を打ち出す中で「社会全体のデジタル化」も掲げるようになったのである．

　以上がこれまで約 20 年間の概略だが，もう少し丁寧に政策の展開を振り返っ

7　総務省などの資料では ICT (Information and Communication Technology) と表記されているが，意味していることは実質変わらないので，基本的に IT (Information Technology) とする．ただし，文献名などの場合は原文のままとする．

図表 13　日本政府の IT 戦略の変遷

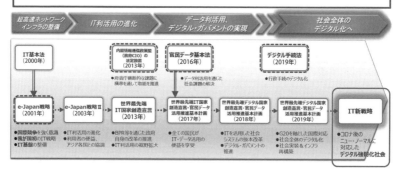

出所：内閣官房情報通信技術(IT)総合戦略室『これまでの経緯と IT 基本法の概要』(令和 2 年
　　　10 月)より作成

てみよう.

　1990 年代後半からインターネットの進化と普及が始まり，世界的には IT 革命・インターネット革命などとも呼ばれ，先進諸国は経済成長の飛躍を狙って本格的な国際競争の状況になってきた.

　日本政府は 2000 年頃から動いている. まず，高度情報通信ネットワーク社会の形成に関する施策を迅速かつ重点的に推進することを目的として，「高度情報通信ネットワーク社会形成基本法(IT 基本法)」を 2000 年 11 月に策定し，翌年 1 月から施行した. そして，内閣に「高度情報通信ネットワーク社会推進戦略本部(IT 戦略本部)」を設置した.

　日本の IT 戦略は，この IT 基本法施行とともに開始されたといえる. 「5 年以内に世界最先端の IT 国家になる」ことを目標とした 2001 年 1 月の「e-Japan 戦略」，2003 年 7 月の「e-Japan 戦略 II」では，ブロードバンドインフラの整備に注力し，IT の利活用の促進に向けた戦略を策定した. しかし，国民・社

会全般において十分な IT の利活用が進んでいるとはいえないため，2006 年 1月の「IT 新改革戦略」では，医療・行政・人材育成・研究開発等の 15 分野の IT 利活用の促進に向けた戦略を策定した．さらに，3 ヵ年の緊急プランである 2009 年 7 月の「i-Japan 戦略 2015」では，行政・医療・教育の 3 分野に重点を置いた戦略を策定した．その後，2010 年の自民党から民主党への政権交代に伴い，それまでの IT 戦略は，2010 年 5 月に策定された「新たな情報通信技術戦略」にとって代わった．

2012 年 12 月の自民党への政権交代により，IT 戦略があらためて見直された．2013 年 4 月には，IT に関する政府全体の戦略について総合的にとりまとめる司令塔として「IT 戦略本部」の呼称を「IT 総合戦略本部」と変更し，「世界最先端 IT 国家創造」に向けた新たな IT 戦略の検討が進められた．そして，世界最高水準の IT 利活用社会の実現に向けて，日本全体が共有・協働し，IT・情報資源の利活用により未来を創造する国家ビジョン「世界最先端 IT 国家創造宣言」を 2013 年決定した．

これは，2020 年までに世界最高水準の IT 利活用社会の実現とその成果の国際展開・国際貢献を目指して，次の 3 項目の実現を柱として必要な取り組みを検討している．

・革新的な新産業・新サービスの創出と全産業の成長促進の社会の実現

・健康で安心して快適に生活できる，世界一安全で災害に強い社会

・公共サービスがワンストップで誰でもどこでもいつでも受けられる社会の実現

　2014 年 6 月と 2015 年 6 月に，それぞれ宣言と工程表の改訂案を作成するなど，時代の変化に応じた内容の更新を図った．2016 年以降はビッグデータ時代を意識して，「データ利活用，デジタル・ガバメント（行政・公共サービスのデジタル化）の実現」に重点をおいている．ビッグデータの利活用で社会課題を解決しようという意思のあらわれである．

　しかし，個人情報保護への不安などからマイナンバー制度がなかなか普及せず，公共サービスの電子化を進めてもユーザビリティの問題が多方面から指摘されるなど，政府目標としたほどには普及・浸透していなかった．

3.2.　コロナ禍以降の IT 新戦略

　こうした中でコロナ禍が発生し，日本社会のデジタル化におけるさまざまな脆弱点が顕在化して，大幅な見直しが迫られている．

　日本政府は 2020 年 7 月 17 日，「世界最先端デジタル国家創造宣言・官民データ活用推進基本計画（IT 新戦略）」の変更を閣議決定した．ここでは，「国民が安全・安心に暮らせて豊かさを実感できる強靱なデジタル社会」を目指した「デジタル強靱化社会」を標榜している．

　近年，日本で大災害が多発していることもあり，防災・減災を目指した「国土強靱化」という言葉が使われていたが，それに加えてコロナ対策も視野にいれてデジタル活用によるリスクマネジメントを意味していると思われる．

　政府は「デジタル強靱化社会に向けた社会基盤整備／規制のリデザイン」を取り組みとして，「5G 等のインフラ再構築」「AI，セキュリティ対策などの基盤技術」「働き方改革／くらし改革」「スタートアップ経済活動・企業活動」「人材育成・学び改革」「デジタル格差対策」や「防災×テクノロジーによる災害対応」などをあげている．いずれも大事な取り組みだが，従来から行われているものでもあり，具体的な "実践と浸透" が強く期待される．

3.3.　IT 産業の動向

　IT 産業とは「IT（情報通信）産業に何らかのかたちで関わっている経済活動全般」と，広い範囲を指している．IT 産業の基本構造と，これまでの動向や特徴を整理する．

3.3.1.　IT 産業の構造

　IT 産業は製品の製造からサービスまで裾野が広いうえに，産業の先端を行く変化の激しい産業である．

　総務省は「ICT 産業は①通信業，②放送業，③情報サービス業，④インターネット附随サービス業，⑤映像・音声・文字情報制作業，⑥情報通信関連製造業，⑦情報通信関連サービス業，⑧情報通信関連建設業，⑨研究の 9 部門．このうち④インターネット附随サービス業は 2005 年から追加された分類」と定

義している．一方，社団法人情報サービス産業協会は，IT 産業を「コンピューター機器製造業」「通信産業」「情報サービス産業」の3つに分類している．

　上記の9部門の中には，内容をイメージしにくいものもある．そのため，ここでは総務省『情報通信白書』で記された IT (ICT) 産業の基本構造として，次の分類を紹介する（**図表 14**）．

　大分類と中分類は，「端末（端末・デバイス）」，「インフラ（通信機器，通信ネットワーク）」「サービス（ICT サービス，プラットフォーム，コンテンツ・アプリケーション）」である．「端末」→「インフラ」→「サービス」→「顧客」へと，製品・サービスが顧客に向って流れるイメージとなる．顧客は，個人か法人かで B2C か B2B に分類される．

　それぞれの構成要素は，次の通りである．

➢ 「端末・デバイス」：，携帯電話，スマートフォン，パソコン，テレビ，デジタルカメラ等の情報通信機器を製造している端末メーカー事業や，機器を構成する部品・部材事業

図表 14　IT 産業の基本構造

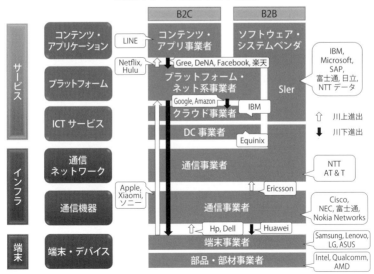

出所：総務省（2015）『情報通信白書　平成 27 年版』p.43 を基に加筆修正

➢ 「通信機器」：通信事業者へ提供する基地局や IP ルーター・スイッチ通信機器，その運用を供給する事業

➢ 「通信ネットワーク」：通信事業者による移動通信や固定通信等の事業

➢ 「ICT サービス」：SIer（システムインテグレーション（SI）を行う業者，エスアイヤー）と通信事業者等が行う ICT システム，ソフトウェア，クラウド，データセンター等の B2B ビジネスを主に指す．ICT ソリューションベンダーが行うインフラ等のライフライン（電力，水道，鉄道等）や防災，製造，金融，農業，小売等におけるシステム構築等も一部含む

➢ 「プラットフォーム」：検索，SNS，広告，セキュリティ等にかかるプラットフォームビジネス

➢ 「コンテンツ・アプリケーション」：各種コンテンツやアプリケーションを提供する事業

　IT 企業の中には，事業の成長・拡大の過程で，Apple のように端末を製造していた企業がプラットフォーム業に乗り出したり，プラットフォームの Google や Amazon が端末・デバイス事業に進出したりするなど，川下から川上，川上から川下と事業を広げる動きが活発である．

3.3.2.　IT 産業と IT 投資の動向

　1980 年代には IT 利用産業による"産業の情報化"が進展し，情報化投資額が急激に伸びていた．1990 年代初めのバブル経済崩壊から一時期，情報化投資額は減少したが，1990 年代後半には回復した．

　日本経済のデフレやハードウェアの性能向上による価格低下を背景としつつ，1997 年をピークとして IT 利用産業の情報化投資額（名目）は減少傾向にある（**図表 15**）．そして，"産業のサービス化"傾向とも相まって，情報化投資額に占めるソフトウェアの比率は 1980 年の 2 割から 2017 年には 7 割近くに伸びている．この傾向は今後も続くであろう．

　業種別の情報化投資額は，業種によって投資額や変動幅が異なることがわかる．情報通信業を除く他の業種では「専門・科学技術，業種支援サービス業」[8]

が大きく変動しながらも上位でありつづけており，次いで製造業（情報通信関連製造業以外）や金融・保険業，卸売・小売業などが上位を占める．これらの投資はどのように使われたのであろうか．

約 40 年間の推移のグラフをみると，1990 年代がピークになっていることがわかる．この頃から，伝統的に自前主義だった日本企業が，自社の情報システムの企画・構築・運用を，自社の IT 部門でなく外部の IT 企業に委託・アウトソーシングする傾向が強まった．IT 分野の変化が激しく，専業でなければ対応が難しくなったり，コスト高に感じたりしたからである．加えて，「あくまで本業重視で，IT 部門・IT 投資は補助的な位置づけ」と考える傾向にあった．

欧米企業と比べて日本企業の IT 人材が少ないという問題もあった．外部任せの傾向が続くことで，自社の経営戦略と組み合わせて IT 戦略を策定して IT 投資を指揮して成果を見届ける人材が育たないという問題が各社で生じている．

IT 戦略の策定だけでなく IT システムの運用面においても委託先に依存してしまうと，委託元にはノウハウやスキルが蓄積されにくくなり，専門人材が不足してしまう．そして，適切な意思決定や管理が実施できなくなる．また，

図表 15　日本の IT 利用産業の情報化投資額（名目）の推移

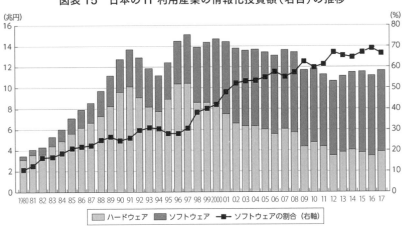

出所：総務省（2019）『情報通信白書　令和元年版』図表 1-1-2-2

8　学術・開発研究機関，広告業，技術サービス，職業紹介・労働者派遣業等が含まれる．

委託先任せで開発・運用している IT システムの変更は，スイッチングコスト[9]が膨大になり，委託先を変更しにくくなる．こうして，戦略的な IT 投資・運用が阻害されてしまうのである．

　こうした状況が大きな要因の一つとなって，世界的なデジタル変革 (DX) の動きに乗り遅れてきたのであろう．もちろん，すべてを自前主義で内製化するのはもはや現実的ではないが，IT 化・デジタル化について必要な知識と意思決定や管理業務ができる人材は，社内に一定レベル確保・育成することが必要であろう．そうしてこそ，有効な IT 投資を実行できるのである．

《ミニ演習》

「日本企業は欧米企業に比べて IT 投資も IT 活用も貧弱だ」といわれます．それは本当でしょうか．また，業界や企業規模によって変わらないのでしょうか．そもそも，「欧米企業」とは，どの国のどのような企業を指すのでしょうか．このような観点で日本企業と欧米企業の比較を行い，その背景にある要因を探ってみましょう．

【応用編】日本では欧米企業との比較で議論されることが多かったのですが，デジタルの時代では，中国や韓国の IT 企業が急成長しています．それら企業と日本企業を比較すると，どのような違いがあるのでしょうか．そして，その未来の姿をあなたはどう考えますか．

3.3.3.　IT 産業の位置づけの変化

　これまでみてきたように，従来の日本の IT 産業は，製造業など他の産業を支援するツールやサービスを提供する位置づけであった．つまり，IT 投資はコスト削減や業務効率性向上のための "支援・補助をするシステムやサービス"

9　スイッチングコストとは，「ある商品やサービスから他に切り替えることに伴って発生する費用」のこと．IT システムの場合は簡単に移管・交換できない場合が多く，手間とコストを相当見込む必要がある．また，銀行の ATM など常時動かしているシステムは，変更に大きなリスクも伴うことになり，意思決定が容易ではない面もある．

と考えられていた.

　ところが，AI，IoT，ビッグデータ等の技術革新と普及が進み，デジタル活用自体が企業の新たな価値創造に貢献したり，組織やビジネスモデルの大変革の鍵を握ったりする可能性が生まれている．つまり，補助ツールとしての"従"ではなく，あらゆる産業において，本業の戦略立案や事業遂行を行ううえで"主"と一体となって捉えるべき存在になっているのである．それが，「DX の世界」での IT 投資・デジタル活用なのである（**図表 16**）.

　産業の DX 化が進むことで，それぞれの産業の改善・深化と，産業や業種の枠を超えた連携が生まれている．これを「○○産業・分野」として **X-Tech（クロステック）** と呼ぶ（**図表 17**）.

　例えば，従来は IT 化が進んでいなかった企業の人材マネジメント分野において，AI 等を活用した改善の動きが盛んになっている．これを「HR Tech（Human Resources × Technology，エイチアールテック）」と呼ぶ.

　X-Tech の中で最もよく耳にするのは，「FinTech（Finance × Technology，フィンテック）」であろう．金融分野は，もともと IT 化が進んだ産業であった．そこに IT ベンチャー等によるアプリケーションの開発が進み，デジタル化の

図表 16 「従来の IT 化」と「DX の世界」

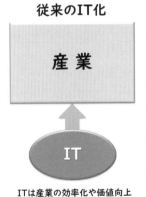
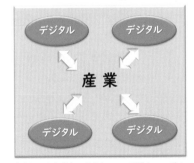

出所：総務省 (2019)『情報通信白書　令和元年版』等を参考に作成

図表 17　X-Tech の広がり

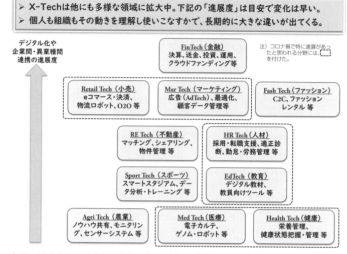

出所：総務省 (2018)『情報通信白書　平成 30 年版』p.56 より作成

進展を適用してスマートフォンでも活用できるような多様な金融サービスが生み出された．スマートフォンで利用できる AI 活用型資産形成サービスなども登場している．最近では，大手のメガバンクが FinTech 系ベンチャーと提携して新サービスをリリースするなどの動きもある．

　この他，IT 化と縁遠いと思われていた農業分野では「Agriculture Tech（Agriculture × Technology，アグリテック）」が生産性の向上にめざましい貢献を果たしている．「Health Tech（Healthcare × Technology，ヘルステック）」や「Med Tech（Medical × Technology，メドテック）」は以前から注目されており，コロナ禍により，さらなる成長が期待される．

《ミニ演習》

　「図表 18　日本の IT 状況に関する基本データ」は，日本の IT 状況の重要な指標を示しています．総務省は 2019（令和元）年度から，これらの指標を整理して『情報通信白書』に掲載するようになり，これからも毎年更新していくと予想されます．そこで，毎年，新たな『情報通信白書』が出版されたら，この一

覧表に追加しましょう．そして，どの項目がどのように大きく変化したかを見
て，その変化を起こした要因を探ってみましょう．

【応用編】あなたが関心をもつ海外の国の指標と比較してみましょう．すべて
の指標で比較するのは難しいかもしれませんが，主な傾向やその国のデジタル
時代の位置づけを知ることに役立ててみましょう．

《発展学習のポイント》

1. 日本の IT 政策の特徴と，現在の重点ポイントはなんだろうか．また，そ
   の課題はなんであろうか．

2. 日本の IT 産業の特徴と課題は，なんだろうか．

3. 今後の成長が見込まれるのはどのような分野で，それはどうしてか．そして，
   どうすれば成長を維持できるだろうか，考えてみよう．

図表 18　日本の IT 状況に関する基本データ

	2020（令和 2）年	2019（令和 1）年
情報通信産業の国内生産額	99.1 兆円 （2018 年，名目）　全産業の 9.8%	97.5 兆円 （2017 年，名目）　全産業の 9.7%
情報通信産業の雇用者数	404.5 万人 （2018 年）　全産業の 5.7%	399 万人 （2017 年）　全産業の 5.8%
実質 GDP 成長率に対する情報通信産業の寄与率	40.80% （2012～2018 年の年平均）	29% （2012～17 年の年平均）
我が国の情報化投資	12.7 兆円 （2018 年，実質（2011 年価格）） 民間企業設備投資の 14.8%	12.6 兆円 （2017 年，実質（2011 年価格）） 民間企業設備投資の 15.1%
ICT 財サービスの貿易額	輸入 12.8 兆円 （2018 年，名目）　輸出 8.7 兆円	輸入 12.7 兆円 （2017 年，名目）　輸出 9.0 兆円
情報通信産業の研究費	3.9 兆円 （2018 年度）　企業研究費の 27.4%	3.7 兆円 （2017 年度）　企業研究費の 26.9%
情報通信産業の研究者数	17.6 万人 （2018 年度）　企業研究者の 34.8%	17.1 万人 （2017 年度）　企業研究者の 34.3%
通信産業の労働生産性	1,334.7 万円 （2018 年度）	1,357.4 万円 （2017 年度）
我が国のコンテンツ市場の規模	11.9 兆円 （2018 年）	11.8 兆円 （2017 年）
我が国の放送コンテンツ海外輸出額	519.4 億円 （2018 年度）	444.5 億円 （2017 年度）
固定電話の保有率（世帯）	69.00% （2019 年）	64.50% （2018 年）
スマートフォン保有率（個人）	67.60% （2019 年）	64.70% （2018 年）
インターネット利用率（個人）	89.80% （2019 年）	79.80% （2018 年）
SNS 利用状況（個人）	69.00% （2019 年）	60.00% （2018 年）
クラウドサービスの利用状況	64.70% （一部でも利用している企業の割合，2019 年）	58.70% （一部でも利用している企業の割合，2018 年）
IoT・AI の導入状況	14.10% （導入している割合，2019 年）	12.10% （導入している割合，2018 年）
固定系ブロードバンドの契約数	4,120 万 （2019 年度末）	4,025 万 （2018 年度末）
移動系通信の契約数	1 億 8,661 万 （2019 年度末）	1 億 8,045 万 （2018 年度末）
日本のインターネットトラフィック	12.7 Tbps （2019 年 11 月，ダウンロード）	約 11.0Tbps （2018 年 11 月）
放送サービスの加入者数	8,038.6 万件 （2018 年度末）	7,933.1 万件 （2017 年度末）
テレビ（リアルタイム）視聴時間	161 分 （2020 年 1 月 14 日～19 日，平日 1 日当たり）	157 分 （2018 年度，平日 1 日あたり）
インターネット利用時間	126 分 （2020 年 1 月 14 日～19 日，平日 1 日当たり）	112 分 （2018 年度，平日 1 日あたり）

出所：総務省『情報通信白書』各年版より作成

第II部
IT 経営

第II部では，企業における経営情報化の歴史や現状について学ぶ．
次に，主要な情報システムと IT 経営戦略の考え方について解説する．

企業経営とデジタル

　企業経営においては1960年代から情報システムの導入が始まっており，IT化からデジタル化へと普及と進化を続けている．

　本章では，まず企業経営とIT化の変遷をたどる．また，情報システムが解決を期待された経営課題の観点から，その進化を整理する．そして，企業におけるIT戦略からデジタル変革の戦略について取り上げる．

4.1. 経営情報システムの変遷

　経営情報システムは，時系列的に次のような概念を中心に発展してきた．その背景と変遷をたどる（図表19）.

4.1.1. MIS（1960年代半半ば〜）

　経営環境の変化や情報テクノロジーの発展とともに，新しい情報システム概念に基づく経営情報システムが導入されてきた．**経営情報システム**（Management Information System: MIS）は，広義・狭義の意味で使われる．広義では，企業組織の情報システム全体を総称し，狭義では，構造的意思決定をサポートするための情報提供型システムを指す．どちらの場合も，各業務機能と管理階層に応じたサブシステムの集合体を示す言葉である．狭義の場合は，統合されたサブシステムをデータ処理し，必要な情報を必要なときに提供できるようにと1960年代半ばに提唱された．だが，提供する情報が膨大で有効活用できなかったことで，実用化レベルには達しなかった．

4.1.2. DSS（1970年代〜）

　1970年代に入り，**意思決定支援システム**（Decision Support System: DSS）が登場する．MISが業務処理や管理上の決定レベルに貢献しなかったという

図表 19　伝統的な経営情報システムの概要

名称	年代	概要
伝統的 MIS	1960 年代半ば〜	構造的意思決定をサポートするための情報提供システム.
DSS	1970 年代〜	管理上の意思決定を実施するのに役立つ情報を直接的に提供する情報システム.
OA／EUC	1970 年代後半〜	OA とはオフィスの生産性向上を目指した概念. OA の普及に伴い, 情報処理の専門家でないエンドユーザーが情報ニーズを自ら充足させる動きが EUC.
SIS	1980 年代半ば〜	競合他社に対して情報技術を競合戦略に活用しようという概念.
BPR	1990 年代〜	業務取引の発生から完了までの一連の流れであるビジネスプロセスを, 情報技術を最大限に活用して再設計し, コストから品質やサービス等の改善を目指す概念.

反省に立ち, 管理上の意思決定に直接的に貢献する情報システムが目指された. 主に, データベース, 各種シミュレーション, ユーザインターフェースの機能を使い, プログラム化できない半構造的な意思決定プロセスまで支援できるシステムとなった. 構造的な意思決定では, 既存の処理システムで自動化することができるが, 半構造的な問題に関しては, その都度データを実際に分析し, 最終的にどのような手続きで意思決定を行うかを決める必要がある. そのため半構造的な問題のためのシステムである DSS は, 管理者の意思決定を置き換えるものではなく, 意思決定過程を支援することが目的だといえる.

　MIS が情報の活用方法はユーザーに任せる情報提供のみなのに対して, DSS は最終的な判断をユーザーが行うための情報提供および意思決定のプロセス支援だといえる.

4.1.3.　OA／EUC（1970 年代後半〜）

　1970 年代後半頃から, オフィスの生産性向上を目指した概念として, **オフィスオートメーション（Office Automation: OA）**が提唱された. OA はローカルで小規模な構造的・非構造的業務を, 現場で分散的に処理することで, 省エネ, コスト削減, 個人の情報処理能力の向上を目的として導入された. パソコンやワードプロセッサなどの機器, そしてデータ管理などのソフトウェアの開

発・活用によりオフィス業務を自動化することでOAが促進された.

OAの普及に伴い, 情報処理の専門家でないユーザーが主導的にシステムを構築する姿勢ができ, **エンドユーザ・コンピューティング**(End-User Computing: EUC)の基盤となった. EUCはエンドユーザーたちが自らの情報ニーズを自らの責任において満たそうとする動きであり, 1980年代後半から広がった.

パソコンの低価格化や情報ネットワークの進展等により, 非構造的処理ニーズが高まりユーザーのリテラシーも向上したため, ユーザー自身が情報資源システムを利用し意思決定や情報の共有を行うというEUCが広まることとなった.

4.1.4.　SIS(1980年代中旬〜)

1980年代半ばに, ワイズマンによって**戦略情報システム**(Strategic Information System: SIS)という概念が提唱された. 競合他社に対し, 情報テクノロジーを競合戦略として活用しようというものだ. 情報システム部門とその責任者が経営的視点に立つことで, 経営レベルで情報テクノロジーを活用する必要性を論じている. 構築した情報システムがSISとみなされるためには, その情報システムが次の戦略スラスト(差別化：Differentiation), コスト(Cost), 革新(Innovation), 成長(Growth), 提携(Alliance))を支援または形成しているかが評価の基準となる.

その後, 戦略情報システムの概念は以前ほど話題に上がらなくなったが, 情報戦略は経営戦略に基づき推進するという考え方は定着した.

4.1.5.　BPR(1990年代〜)

1990年代に入り, **ビジネスプロセス・リエンジニアリング**(Business Process Reengineering: BPR)という情報システムの新たな概念が提唱された.

BPRは, 業務取引の発生から完了までの一連の流れであるビジネスプロセスを, 情報技術を最大限に活用して再設計することで, コストや品質, サービス, スピードを改善することを目指した. 顧客満足度を高め収益性を上げるだけでなく, 企業内部の抜本的な改革にも目を向けた. BPRは, 分業によって断片化された組織の中で, "改善"や"リストラ"といった部分的なアプロー

チではなく，トップダウンでひとつのビジネスプロセスとして再構築するという点が特徴である．

4.2. 経営課題からみた情報システム

前項は伝統的な経営情報システム（MIS）のシステム面からの変遷をまとめたものだが，現代的な視点では今ひとつわかりにくい．そのため，「どの経営課題に情報システムでどのように解決しようとしたのか，その構成要素は何か」という観点から整理し直すと，次のようになる（**図表 20**）．

4.2.1. メインフレームの時代（1960 年代～）

1960 年代から 70 年代は，メインフレーム（汎用機）を中心とした情報処理が

図表 20　経営情報システムと経営課題の変化[10]

	メインフレームの時代	クライアント／サーバの時代	インターネットの時代	インターネット＆モバイルの時代	デジタル革新の時代
時期	1960 年代～	1980 年代～	2000 年代～	2010 年代～	2020 年代～
主な経営課題	・業務効率化，コスト削減（ただし，高コスト）	・「業務効率化，コスト削減」の低コスト化 ・顧客満足	・経営の意思決定，事業拡大の支援 ・顧客との接点強化 ・電子商取引 ・情報セキュリティ	・経営意思決定の迅速化 ・SNS 等で顧客との共創，モバイル＆スマート対応 ・AI，IoT，ロボット，ビッグデータ等の利用進展 ・イノベーションの後押し ・グローバル競争	・AI，IoT，ロボット，ビッグデータ等のデジタル革新技術の実践活用とシナジー実現で成果拡大 ・イノベーションの連続的な創出 ・グローバルでの共創推進
タイプ	・すべてのデータ保管・処理は集中	・大規模なデータ保管・処理は集中 ・小規模なデータ保管・処理は分散	・大規模なデータ保管・処理は集中 ・小規模なデータ保管・処理は分散	・大規模なデータ保管・処理は集中 ・小規模なデータ保管・処理は分散	・大規模なデータ保管・処理は集中 ・小規模なデータ保管・処理は分散 ・低遅延が求められるものは分散
主な構成要素	・メインフレーム／汎用機 ・専用回線	・クライアント／サーバ型 ・LAN/WAN	・Web サーバ ・Web ブラウザ ・インターネット ・3G	・クラウドコンピューティング ・IoT ・各種システム，各種端末，各種ネットワーク ・4G	・エッジコンピューティング，IoT ・AI，ビッグデータ ・あらゆる端末，システム，ネットワーク ・5G＋α

10　本表は前出の図表 1 の時代表記が異なる部分があるが，これは IT システム中心に考案したものだからである．

主流であった．ここでは，事業が拡大化するなか，新技術であるコンピューター技術を活用してメインフレームを導入して集中型コンピューティング的に情報処理を行い，業務の効率化とコスト削減を目指した．一定の成果は上げたが，システム導入コストは膨大であり，効果は限定的であった．

4.2.2. クライアント／サーバの時代（1980 年代〜）

1980 年代から 1990 年代は，パソコンの普及を受け，クライアント・サーバ型の情報処理システムが主流となっていた．インターネットの普及前夜の時期であり，LAN/WAN など "閉じたネットワーク" が活用された．

「メインフレームの時代」より遙かに導入・ランニングコストは低減化でき，分散型コンピューティングにより，処理速度も上げることができた．

4.2.3. インターネットの時代（2000 年代〜）

2000 年代は，インターネットの普及と高速化，パソコンやモバイル端末の高度化と浸透，電子商取引（e コマース）の急速な拡大を迎えた時期であった．顧客との接点が増えて，経営の意思決定や事業拡大の支援にもつながった．一方，情報セキュリティの問題が増加した．

そうしたなか，クラウドコンピューティングが台頭してきた．

4.2.4. インターネット＆モバイルの時代（2010 年代〜）

2010 年代には，法人利用に加えて，個人利用でもクラウドコンピューティングが本格的に普及してきた．また，2010 年代半ばからは SNS や IoT の普及が進み，AI やビッグデータ分野のビジネス利用が始まった．顧客との接点拡大に加えて共創の可能性も広がった．モバイルなど移動通信システムは，4G が主流となった．また，GAFA 等のグローバル・デジタル・プラットフォーマーの存在感が高くなり，一方で危険視もされはじめた．

ここまでの情報システムの「集中型」と「分散型」の流れを示すと，**図表 21** のようになる．

図表 21　情報システムの「集中型」と「分散型」のイメージ

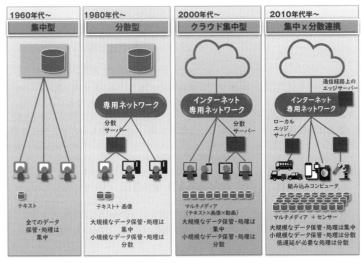

出所：総務省 (2019)『情報通信白書　令和元年版』p.29 等を基に作成

4.2.5.　デジタル変革（DX）の時代（2020 年代〜）

　2020 年代に入ると，これまでの流れが大きく進化しながら加速化している．さらに，AI，IoT，ロボット，ビッグデータなどデジタル変革技術のビジネスの現場での実践的な活用が一般化している．モバイルなど移動通信システムは5G など xG が主流となる．

　収集・分析するビッグデータの爆発的な増加と処理速度の高速化のニーズに従来のクラウドコンピューティングの仕組みでは追いつかなくなったことから，近年の技術的トレンドとしてエッジコンピューティングが見られる．ユーザー側の端末近くにサーバを分散配置して AI に処理をさせて，従来の上位層であるクラウドでの AI でのデータ処理と組み合わせて役割分担を図ることで，システム全体として最適な処理が可能になるような仕組みのことである．

4.3.　IT 経営戦略の考え方

　企業戦略の一つとして，IT 経営戦略（情報化戦略）の重要性は高まっている．IT 経営戦略の基本的な考え方を踏まえたうえで，経営情報システムにおける

図表 22　IT 経営戦略の考え方

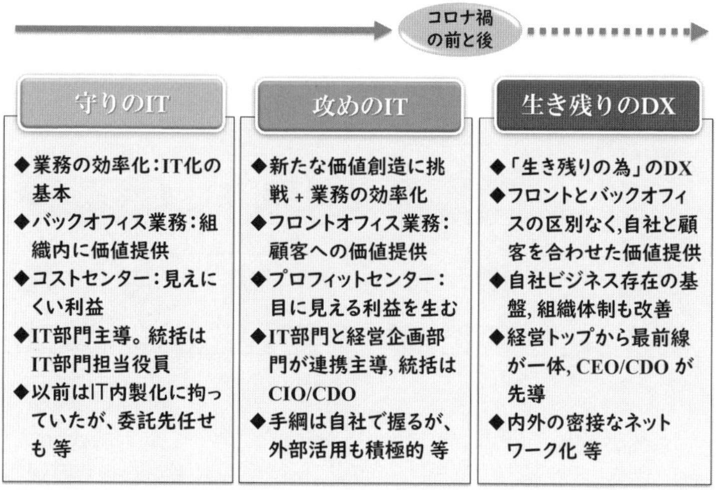

意思決定のタイプや IT ガバナンスと IT マネジメントについて解説する.

　IT 経営戦略の考え方について，主に経営層の視点から次のように分類する（**図表 22**）．従来からいわれてきたのが**守りの IT** と**攻めの IT** である．さらに筆者は，コロナ禍以降，生き残りのために守りも攻めも区別なく，とにかく必死に取り組む**生き残りの（ための）DX** 戦略が生まれたとみている.

4.3.1.　守りの IT

　2000 年代より前までの日本企業に見られていた，内部の業務効率化やコスト削減に重きをおいた IT 活用である．現在でも「攻めの IT」に移行していない多くの企業がこれに分類される.

　ただ，「守りの IT」が必ずしも悪いわけではない．AI・ロボットのオフィスでのわかりやすい活用として **RPA（Robotic Process Automation）**が盛んに導入されている．RPA は事務作業（主に定型業務）をパソコン内のソフトウェア（型のロボット）が自動化して処理する概念である.

　このようにデジタル技術・サービスを使用した「守りの IT」はさまざまな業務の効率化を図る可能性をもっている．また，その気になれば現場レベルで

導入できるという側面もある．ただし，「攻めのIT」と違って，企業全体で戦略的に取り組んでイノベーションによる新たな価値創造の面は弱いため，発展的な戦略として十分ではない．

4.3.2. 攻めのIT

「攻めのIT」とは，「守りのIT」と対比すればわかりやすいが，業務の効率化だけにとどまらず，新たな価値創造に挑戦する考え方である．全社戦略として動く必要があることから，CIO（Chief Information Officer）や，最近ではCDO（Chief Digital Officer）を経営層に設置して戦略的に統括・指揮できる体制を整えて取り組んでいる．

「攻めのIT」の考え方は，以前から経済産業省が「攻めのIT経営」として積極的に打ち出している．同省は，戦略的IT利活用の促進に向けた取り組みの一環として，2015年から東京証券取引所と共同して，中長期的な企業価値の向上や競争力の強化のために，経営革新，収益水準・生産性の向上をもたらす積極的なIT利活用に取り組んでいる企業を，2020年から「攻めのIT経営銘柄」として選定している（**図表23**）．

図表23 「攻めのIT経営」の波及サイクル

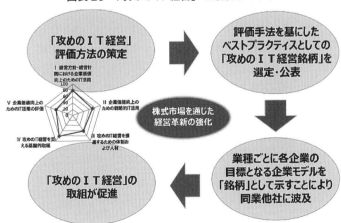

出所：経済産業省・株式会社東京証券取引所（2019）「攻めのIT経営銘柄2019」p.2
より抜粋

　経済産業省は 2018 年から「デジタル技術を前提として，ビジネスモデル等を抜本的に変革し，新たな成長・競争力強化につなげていくデジタルトランスフォーメーション (DX)」に日本企業が取り組むように後押ししている．

　具体的には，デジタルトランスフォーメーション (DX) とは「企業がビジネス環境の激しい変化に対応し，データとデジタル技術を活用して，顧客や社会のニーズを基に，製品やサービス，ビジネスモデルを変革するとともに，業務そのものや，組織，プロセス，企業文化・風土を変革し，競争上の優位性を確立すること」だと定義できる．

4.3.3.　生き残りの（ための）DX

　これはコロナ禍が契機となり，企業の生き残りをかけて「攻めの IT」も「守りの IT」も組み合わせ，さらに「両利きの経営」でいう「深化」「探索」を同時並行で取り組むものである．

　これまで IT 経営や DX 戦略について他人事だと思っていた経営者までもがデジタル変革を無視すれば自社が生き残れないことを認識した．経営者 (CEO や CDO 等) が先導しつつ，リアルタイムに最前線の現場社員たちも知恵を絞って DX 化を推進している．このプロセスの中で，逆に IT を使わずにアナログに戻した方が，コロナ対策になりコスト削減・省力化が進むことをみつけた企業などもある．さらに，自社にとどまらず取引先など外部企業とのネットワークも視野にいれて，連携した形で DX に取り組む動きもある．従来の SCM などのように，大企業などが先導しながら体系的に進めるものと少し異なる場合もある．生き残りのためには "スピード" が重要なので，トライ&エラーで迅速に取り組むのである．

　最後に，2010 年代終盤から知られるようになった「DX」概念について，さまざまな視点で議論が異なるので整理しておきたい (**図表 24**)．

　経済産業省が日本企業の IT 経営を推し進めるために 2018 年に発表した『DX レポート〜 IT システム「2025 年の崖」克服と DX の本格的な展開〜』で主張したのは，デジタル技術を導入した "既存の IT システム (レガシーシステム) の刷新" である．

図表 24　DX の概念レベルの違い

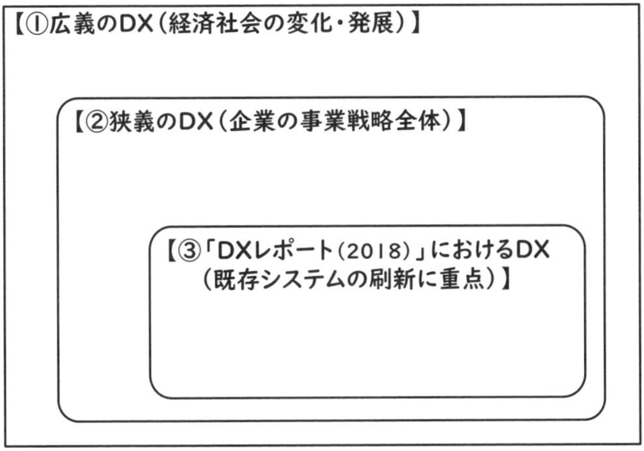

```
【①広義のDX（経済社会の変化・発展）】

    【②狭義のDX（企業の事業戦略全体）】

        【③「DXレポート（2018）」におけるDX
             （既存システムの刷新に重点）】
```

　既存の IT システムやデータが組織・部門ごとにサイロ化・ブラックボックス化し，イノベーションや新しいビジネスモデル等の創出の足かせになっており，2025 年までにシステム刷新を集中的に行わなければ巨大なトラブルに直面して，デジタル時代の敗者になってしまうというものである．デジタル時代にあわせた IT システムの刷新を推奨している．

　本書では一貫して「②狭義の DX（企業の事業戦略全体）」と「①広義の DX（経済社会の変化・発展）」を想定して議論している．なお，2020 年の「DX レポート 2」では②の概念に近い議論がなされている．

《ミニ演習》

経済産業省の「攻める IT 経営銘柄」と「DX 銘柄」の企業を調べてみよう．そして，業種や経営者のタイプなど，どのようなタイプの企業が選ばれているのか，その特徴やタイプを検討してみよう．

【応用編】IT 指標以外に自分なりに比較軸を作って，それら選定企業群の共通点と相違点を見つけ出し，今後の展開を考えてみよう．

4.4.　経営管理における意思決定と分析枠組み

　企業における経営情報システムは，それぞれの管理階層に応じた情報処理・提供を行う必要がある．意思決定を行う管理階層は次の 3 つに整理できる．

①戦略的計画（戦略レベル）

　組織の戦略目標の設定，目標達成のための諸資源の獲得・使用・処分に関する決定をする階層である．トップマネジメントによる意思決定のため，幅広い情報から将来的な決定を支援する機能が必要となる．

②マネジメントコントロール（管理レベル）

　戦略目標達成のため，資源を獲得，分配，コントロールするための意思決定をする階層である．ミドルマネジメントによる意思決定で，戦略的計画とオペレーショナルコントロールの中間的な機能が必要となる．

③オペレーショナルコントロール（業務レベル）

　分配された資源を活用して，特定の課における業務を効率的に遂行するための意思決定をする階層である．ロワーマネジメントの意思決定で，特定分野の内部情報や迅速かつ正確な処理機能が必要となる．

4.5.　IT ガバナンスと IT マネジメント

　経営戦略を立案・遂行するうえで，IT 戦略の重要性はますます高まっている．それを有効かつ持続的に機能させるのに必要なのが，IT ガバナンスと IT マネジメントである．その位置づけと担い手は**図表 25** のように整理できる．

4.5.1.　IT ガバナンス

　IT ガバナンスとは，経営陣が企業の競争優位性を構築するために，経営戦略と合致した IT 投資や IT 利用管理を行う組織能力のことである．IT ガバナンスにより安全を担保したうえで，各組織での適切な IT の活用を実現することで，システム統合に象徴されるような横断的なビジネスプロセスを支える情報システムの構築と管理を効果的に行うことができる．

　経営陣は，情報システムの企画，開発，保守，運用に関わる IT マネジメントとそのプロセスに対して，「評価（Evaluate）→指示（Direct）→モニター（Mon-

図表 25　IT ガバナンスと IT マネジメントの組織体制と役割

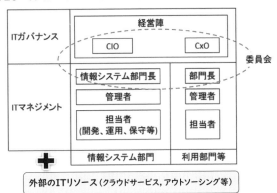

出所：経済産業省「システム管理基準　平成 30 年 4 月 20 日」p.3 より作成

itor)」という EDM モデルで取り組む.

　クラウドサービスやアウトソーシングなど外部資源を組み合わせて活用することが一般化していることから，それら外部の IT リソース（サービスや業務プロセス等）も含んで考える必要がある.

4.5.2.　IT マネジメント

　IT マネジメントとは，情報システムの企画，開発，保守，運用といったライフサイクルを管理するためのマネジメントプロセスのことである.

　多くの企業や団体で，システム運用や開発プロジェクトの管理は，日々の業務の中で遂行されている．しかし IT マネジメントを大局的な視点から体系化している企業は少なく，業務ごとに管理プロセスの強化や改善に取り組んでいても，部分的な改善の積み重ねに過ぎない傾向にあるのが現状である.

4.5.3.　CIO

すでに述べたように，情報処理の効率化や意思決定の支援などを通して，情報システムは経営戦略の重要な要素のひとつであると考えられるようになった．経営情報システムは，組織が抜本的に改革していくためのツールとしても活用されている．

そうしたなか，システム化計画やそれに伴うシステム分析・設計・開発を，組織のトップ自らが指揮する必要が増し，その役割を担う「情報システム運営委員会」(Information System Steering Committee) というものが登場した．この委員会の責任者は「最高情報統括役員」(Chief Information Officer：CIO) と呼ばれ，企業戦略として情報システムをいかに活用すべきかを策定・実行する情報資源管理の責任をもっている．最近では，デジタル変革への戦略的な対応が期待されている．

IT戦略だけでなく，経営戦略の策定や実行管理能力も備えている必要があり，多くは組織のナンバー2クラスの役員が任命される．

なお，小規模な組織，あるいは経営陣が十分な専門的知識を有している場合にはCIOを任命しないこともある．その場合は他の経営幹部が担当することで「CXO」と読み替えることもある．

4.5.4.　委員会（情報システム戦略委員会，プロジェクト運営委員会等）

ITガバナンスとITマネジメントの戦略を有効に機能させるには，各階層・各部門にわたる利害関係者の調整と協力が不可避である．経営陣は，CIOを含む複数のCXO，あるいは部門長等を含む委員会を組織し，必要な権限を委譲する．そのため，委員会は経営陣の一部とみなされる．ただし，小規模な組織，あるいは組織内の調整が容易な場合には，委員会を組成しない場合もある．

4.5.5.　情報システム部門

ITマネジメントは，経営陣の指示に従うと同時に，経営陣によるモニタリングに必要な情報を提供する必要がある．組織内でITマネジメントの実質的な遂行を担うのが，「情報システム部門」である．

　基本的に情報システム部門は，情報システムに関する「企画」，「開発」，「保守」，「運用」を実施する「担当者」，および担当者を管理する「管理者」，情報システム部門の長である「情報システム部門長」で構成される．なお，組織によっては，経営陣あるいは CIO が情報システム部門長を兼務することがある．情報システム部門が，上記の「委員会」の運営を担う場合が多い．

　IT マネジメントを有効に機能させるには，情報システム部門が IT システム面にだけ精通するのは不十分である．委員会や日々の連絡を通じて，利用部門等における IT システムへの実質的なニーズや課題を的確に把握し，効果的な連携を主体的に図ることが求められている．

4.5.6.　利用部門等

　組織内において「情報システム部門」以外で，情報システムを利用する立場の部署を「利用部門等」と呼ぶ．情報システム部門と同様，経営陣は必要に応じて「部門長」を任命して，必要な権限を委譲するとともに決定事項の遂行の責任を負うこととなる．

　利用部門は，IT マネジメントが円滑に機能し IT システムを有効に活用して事業成果をあげられるように，主体的に関わることが求められている．

《発展学習のポイント》

1.　企業経営における経営情報システムの活用の変遷と各期の事例を調べ，享受できたメリットと課題点について整理してみよう．
2.　あなたが関心をもつ大企業とベンチャー企業の IT 経営戦略の内容と実践度を調べてみよう．
3.　ポストコロナ社会における IT 経営で優れた事例を収集・分類し，なぜそれが実践できているのかを考えてみよう．

企業経営と情報システムの活用

ITシステムの進化に伴い，企業経営の革新をするためにERP，CRM，SCMなどさまざまな横断的な企業情報システムが生み出されている．そこで，全体像と主要な情報システムについて理解する．

5.1. 企業経営における情報システムの全体像

多くの企業は，生産，販売，財務，人事などの機能を横断・統合した情報システムを開発・運用している．企業情報システムを横断的に用いることで，ビジネスプロセスを効率的で有効なものにしていくことができるため，企業の重要な戦略である（**図表 26**）．

横断的組織情報システムでは，企業内部のビジネスプロセスだけでなく，顧客やパートナー（取引先や代理店等），供給先などのステークホルダーとの関係を重視したビジネスプロセスの実現を目指している．

図表 26　企業活動と情報システム

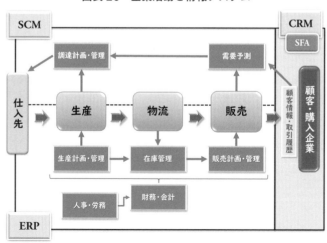

クラウドコンピューティングの普及で初期投資が抑制でき，導入プロセスも容易になることから情報システムの導入を後押しする要因となっている．次に，主要な情報システムの特徴について説明する．

5.2. ERP

ERP（Enterprise Resource Planning）とは，ヒト，モノ，カネ，情報などの経営資源を，企業全体で統合的に管理し，最適に配置・配分することで経営の効率化を図るための手法・コンセプトのことである．また，それを実現するためのITシステムやソフトウェアのことも，ERPと呼ばれるようになってきている．**企業資源計画**あるいは**経営資源計画**と訳される．

生産や販売，在庫，購買，物流，会計，人事・給与といった企業内の基幹業務を司るパッケージシステムであり，業務プロセスの改善や再設計などに重要となることから，BPR（ビジネスプロセス・リエンジニアリング）を実現する手段のひとつとしても導入されている．

ERPには，次のような機能が期待される．

①リアルタイムのマネジメント機能

関連した業務とデータが一元的に管理できるため，経営トップから一般社員に至るまでリアルタイムに経営状況や業務内容を把握できるようになり，意思決定をタイムリーに行うことができる．

②企業内の業務の統合化

各部門や拠点間におけるビジネスプロセスの統合を推進することで，業務の円滑な推進と情報の有効活用が可能になる．また，部門別システムによって分断されてしまうことがあった全社レベルでのビジネスプロセスが，ERPによって業務の連携・統合化を図ることができるようになる．

③グローバル化への対応

多言語・多通貨などの多国籍環境でのシステム構築と運用ができ，企業の海外進出や世界規模でのビジネスの拡大に対応できる．さらに，世界各国の会計基準や法制度への適応も可能となる．

5.3.　CRM と SFA

5.3.1.　CRM の概要

CRM（Customer Relationship Management）は，情報システムを応用して顧客ごとの個別ニーズを把握し，これを満足させる対応を行うことで，企業が顧客と長期的な関係を築くマネジメント手法のことをいう．

具体的には，顧客の基本情報に加えて，購買履歴や問い合わせ履歴，趣味などをデータベース化し，それをもとに商品の売買から保守サービス，問い合わせやクレームへの対応など，個々の顧客とのすべてのやりとりを一貫して管理することにより実現する．このようなサービス活動に加え，SFA による営業活動，マーケティング活動によっても顧客満足度の向上が果たされる．そのため，CRM を"セールス，マーケティング，カスタマーサービスなど顧客にかかわりのある部門間で情報を共有し，シームレスで効果的な顧客アプローチを目指すこと"と説明する場合もある．

CRM が注目される背景としては，電話やインターネットでの受注など取引

図表 27　CRM のイメージ

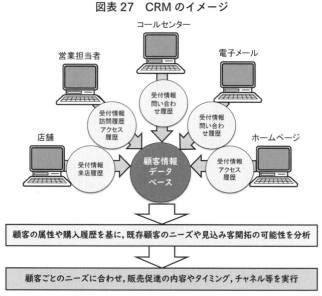

出所：大嶋淳俊（2012）『情報活用学入門』学文社，p.161 より作成

の手段が広がるにつれて、企業と顧客の接点が少なくなり優良顧客を逃してしまう可能性があること、また成熟市場においては新規顧客の開拓が難しくなっていることなどが挙げられる。顧客維持に必要なコストは新規顧客の開拓に比べて数分の一といわれる。そのため CSR を通して顧客のニーズにきめ細かく対応することで、顧客の利便性と満足度を高め、常連客として囲い込んで効率よく収益につなげることを目的としている。

インターネット普及前の CRM は、コールセンターによる対応業務が中心であり、業務的には顧客管理の延長として営業職が顧客データベースや営業報告管理などに利用する例が多かった。その後、インターネットや電子メール、スマートフォンといった各種携帯端末、さらには SNS の利用なども通じて、顧客との接点(タッチポイント)を最大限に活用して、より効率的・効果的に顧客へのアプローチを図ることに力が注がれている。

CRM がターゲットとしている"顧客"は、一般消費者であるカスタマーを指す場合が多いが、取引先であるパートナーも含まれる。社内業務を優先して構築された場合、顧客情報が部門ごとに散在してしまうが、CRM によってクライアントとの取引情報を社員間で共有し、スムーズな対応が可能となる。そのため CRM は、クライアントとの関係構築・維持や商談の成約においても重要となる。

5.3.2. SFA

SFA(Sales Force Automation)は、営業部門の支援のために使う情報システム、またはそのシステムを使い生産性や顧客満足度を高めようとする考え方を指す。データベースに、顧客情報や顧客との接触履歴、商談のプロセス、営業資料、営業スケジュールを一元管理し、営業案件の進捗状況や案件成立の見込みを営業チーム内で共有する仕組みである。

従来企業の営業部門は、個人の力量に頼っていたため業務の標準化が難しく、財務や会計などと比べて情報化が大きく遅れていた部門であった。しかしこれらの情報が共有化されることで、顧客に対して営業部門全体で戦略的な活動を行えるようになるため、日本でも 1990 年代末頃から普及してきた。

　SFAは，グループウェアと呼ばれるスタッフや部門間のコミュニケーションを促進するツールと合わせて導入されることが多い．グループウェアには，ネットワークを利用した文書，画像，音声などさまざまなファイルの共有，電子メール，電子掲示板，スケジュール共有，ワークフロー管理などの機能がある．SFAにはこうした機能は不可欠ではあるが，単に情報をコンピューター化し共有するだけではなく，営業チーム内や関連部門とコミュニケーションをとりながらその内容を業務に反映させることが求められる．そのため，マネジャーが適切なタイミングでアドバイスをしたり，他の営業担当者の活動を参照したりすることで，戦略的に営業の効率や成約率を高めることにつなげるところまでがSFAの目的と捉える必要がある．

　SFAとCRMとの関係については，「顧客との関係性構築」という観点では同じであるが，重視している点が異なる．SFAは営業活動の効率性を上げる点に重点を置いている．

　顧客満足度を向上させて収益向上につなげるには，顧客関連部門（問い合わせ受付部門やサポート部門等）で得られた顧客に関する情報と，営業現場で得られた情報とを，すべての顧客関連部門で共有して業務に有効活用する必要がある．そのため，SFAは広い意味でCRMの構成要素のひとつとする捉え方がある．また，SFAによってより効果的なCRMを実現できるといえる．ただし，業種や営業内容によっては，顧客情報と直接関係がない場合もある．

5.4.　SCM

5.4.1.　SCMの概要

　主に製造業や流通業において，原材料メーカー―造業者―卸売業者―小売業者―消費者といった一連の取引の流れを，供給連鎖＝サプライチェーンと呼ぶ．SCM（Supply Chain Management）は，ビジネスプロセス全体の最適化を図るため，サプライチェーンに参加する部門・企業間での情報共有や管理を推進する戦略的経営手法，またはそのためのITシステムをいう．

　SCMの根幹には，サプライチェーンの鎖の一つひとつ（サプライヤー）の個別最適ではなく，"全体最適"を図るという考え方がある．取引関係にある他

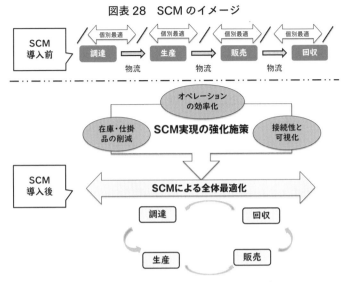

図表 28　SCM のイメージ

出所：大嶋淳俊（2012）『情報活用学入門』学文社，p.164 より作成

社との連携を強化し，最終的に消費者がメリットを享受できるようにすることが目標であるといえる．それを実現するために，納期短縮・欠品防止による顧客満足の向上，流通在庫を含む在庫・仕掛品の削減によるキャッシュフローの最大化などが目指される．

　SCM では，需要予測や生産・販売計画を最適化するために各サプライヤーが精度の高いデータを共有する．相互の業務改革につなげるにはどうすればよいのか，情報共有をどのタイミング行うかなどを検討することも重要である．

5.4.2.　各情報システムとの関係

　カスタマーサービスなどのフロントオフィスに関する手法として CRM があるように，受発注管理，在庫管理，入出金管理などのバックオフィスに関する仕組みとして SCM がある．CRM システムを構築しても，適正なタイミングで適正な商品やサービスを提案し，顧客の望む方法で届けるためには，バックオフィスと連携をとることが必須になる．SCM は CRM の効果的実現にも密接に関係している．グローバル化の加速により，原材料調達から製造，販売ま

でのサプライチェーンが国際分業化するなか，距離や時間という制限に対する解決策としても役割を果たしている．

　SCM自体には，特別新しい手法があるという訳ではない．部分最適の総和が全体最適ではないという制約条件理論（TOC：Theory of Constrain）やBPRなど，これまで用いられてきた経営管理手法と情報技術が集大成されたものである．重要なのは，企業内部に焦点を置かれていた情報システムに対し，企業を超える供給連鎖に着目したという点である．

《発展学習のポイント》

1. 企業の経営情報システムの主要ベンダーが提供するシステム・サービスを調べて，その強みと課題を多角的に分析してみよう．
2. 主要な経営情報システムごとに，優れた活用企業を探し，なぜ活用に成功しているのかを調べてみよう．
3. ポストコロナ社会において，経営情報システムの構成・内容・活用方法はどのように変えていくべきか，ベンダー企業とユーザー企業の視点の両方から考えてみよう．

第 III 部

eビジネスから「ビジネスのデジタル変革」へ

第III部では，インターネットの普及とともに発展してきたeコマースなどを
含めたeビジネスについて，基本的な枠組みや特徴について学ぶ．
さらに，ビジネスのデジタル変革の推進に重要な役割を果たしている
「モバイル＆スマート，5G」「クラウドコンピューティング」
「ソーシャルメディア」「ビッグデータ，IoT」「AI（人工知能），ロボット」
さらに「情報セキュリティ」について解説する．

6. eビジネスの基本枠組み

　インターネットの発展に伴い，ビジネスにおいてもインターネットが活用されるようになっている．本章では，eビジネスとはどのようなものなのかを説明し，その発展にはどのような要因があり，いかに発展してきたかを考察する．

6.1. eビジネスとは

　eビジネス[11]は，インターネットビジネス，ネットビジネスともいう．ネットワーク化された技術を利用することにより，モノ，サービス，情報および知識の伝達と交換を効率的・効果的に行うビジネス等の活動のことである．

　ビジネスの中のいずれかが電子化され，ネットワークを利用していればeビジネスである．電子商取引（eコマース）は，そのなかのひとつである．従来のビジネスにおいては，製品や企業，運営いずれにも実態（リアル）が存在したが，eビジネスにおいては，部分的またはすべてが電子化され，インターネット上で行われている．

　まず，我々の経済社会におけるインターネットによるIT化と，eコマースについて整理してみよう．**図表29**をみて，①〜⑤にどのような用語が当てはまるか，考えてみてもらいたい．

①情報交換

　インターネットをビジネスに利用する主な方法は，顧客への情報提供である．企業や商品，サービスについての情報をインターネット上のWebサイトやメールなどを通して伝える．顧客と企業のやりとり，顧客間でのやりとりもインターネット上で行われる．

11　「eビジネス」という呼び方は，IBM元会長のLouis V. Gerstnerが1997年に提唱した「e-business」が元となっているが，普遍的な定義は特に存在しない．

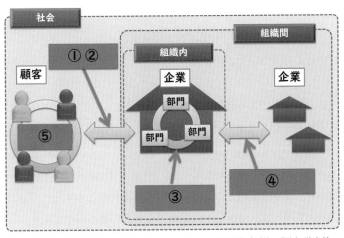

図表 29　経済社会と IT 化と e コマース

出所：大嶋淳俊（2016）『e ビジネス＆マーケティングの教科書（第二版）』学文社，
p.29 より作成

②オンライン取引（電子商取引）

商品の注文・受注・決済などをインターネット上で行う．郵送による商品の
受け渡しのほか，デジタルコンテンツについては商品そのものもインターネッ
ト上で提供する．

③企業内における業務の IT 化

企業内で管理する取引情報や顧客情報をはじめとした多様な情報がインター
ネットを用いて一括して管理可能となる．

④企業間取引の IT 化（電子商取引）

同業の企業間の連携，さらにサプライチェーン上にある販売業者や仕入れ先，
製造業者，物流業者などの企業が情報をインターネット上でリアルタイムに交
換・共有して連携することで，効率的な取引が可能となる．

⑤情報交換・取引

近年はスマートフォンや SNS の普及により，人同士での情報・意見交換は
もちろん，一種の電子商取引も行われている．モノの売買だけでなく，自分の
得意なスキルや，自宅の空きスペースを貸して利益を得るといった「無形物に
よる商取引」も増えている．

6.2.　eビジネスの歴史と普及の背景

　インターネットの普及以前から電子商取引は行われていた．その時代から，いかにインターネットがビジネスにおいて活用されるようになったのか，eビジネスの普及の背景を明らかにする．

6.2.1.　インターネットの発展以前の電子商取引

　インターネットが普及する前からパソコンの利用は始まっており，企業間では主にコンピューター間でやり取りが行われていた．そのやり取りのことをEDI（Electronic Data Interchange）という．EDIでは，取引のためのデータを，通信回線を介してつながれたコンピューター間でやりとりする．開かれたネットワークであるインターネットとは違い，企業間の専用の閉じたネットワークで接続する．

6.2.2.　インターネットの商用利用の変遷

　インターネットは，もともと研究機関のネットワークとして生まれたものである．商用で利用されるようになったのは，アメリカでは1988年，日本では1992年のことだった．この段階で，インターネットを利用した電子商取引やメールのやりとり，Webサイト運営などが開始された．

　商用利用が開始されてから現在に至るまで，eビジネスは急激に普及し，発展している．IT産業の発展に伴いネットワーク環境が整備され，インターネットが急速に人々に普及した．IT技術の進展により効率的に情報管理などが行えるようになっている．また，スマートフォンなどのモバイル端末が登場し，一般の人々にとってもインターネットを利用する環境が身近になっている．

　インターネット関連の技術が日々進歩し，そのうえで企業と消費者が相互に影響を与えあう状況のなか，ビジネスにおいてインターネットの活用はなくてはならないものとなっている．ネットショッピングが取り扱う商品の幅は広がり，物品に加えて音楽や映画などのデジタルコンテンツも購入・利用できるようになった．国民の大多数がもつようになったスマートフォンにより，アプリ等を使って簡便に購入・利用できるようになったことも大きく影響している．

　ホテルやレストランの予約もインターネットが中心になり，公共事業においても電子入札が広まった．ビジネスにおいてインターネットが活用される場面がますます増え，e ビジネスは幅広く定着している．コロナ禍以降は，ソーシャルディスタンスを保つためにも，対面販売・対面購入でなく e コマース・ネット購買を利用する層が格段に増えている．

　デジタル時代に入り，インターネットを中心に商取引を考える人々が格段に増えている．

6.3. e ビジネスの類型化

　「電子商取引（Electronic Commerce：EC，e コマース）」とは，インターネットなどのネットワークを利用して，契約や決済などを行う取引形態である．最近では，さまざまな相手と商取引を効率化できる，インターネットを介したビジネスを指すことが多い．

　EC はその主体や取引の相手が誰かによって分類できる．主な分類としては，企業間の取引を指す「B to B（Business to Business）」，企業と消費者の間の取引を指す「B to C（Business to Consumer）」，企業が他の企業を通して消費者との取引を指す「B to B to C（Business to Business to Consumer）」，消費者間の

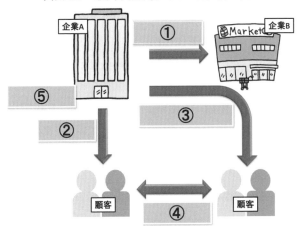

図表 30　電子商取引（e コマース）のタイプ

取引を指す「C to C (Consumer to Consumer)」がある.

その他, 企業と政府間の取引を「B to G (Business to Government)」, 企業と社員間の情報の取引を「B to E (Business to Employee)」などと呼び, さまざまな形態での EC が増えている.

近年, 新たに注目されているのが「D to C (Direct to Consumer)」である. これについては後述する.

6.3.1.　B to B

「B to B (Business to Business)」は電子商取引のひとつで, 企業間の取引のことをいう. 従来は専用の回線を用いた EDI で行われてきたが, 現在ではインターネット EDI が主流となっている. 企業間で製品の設計・開発から部品の調達, 生産, 物流, 販売, サービス提供などさまざまな段階で取引や連携を行う. 取引を電子化して効率化を図ることに加え, ビジネスプロセスの効率化, 組織のリエンジニアリング, 収益の向上へとつなげることを最終的な目的としている.

B to B の例としては, 売り手と買い手が Web サイトなどを使ってオープンな取引を行う電子市場や, これまで企業内で抱えていた業務の一部を, ネットワークを介してアウトソースする ASP (Application Service Provider) などがある. B to B の種類としては以下のものがあげられる.

(1) EDI

前節でもみたように, 企業間でやり取りする商取引に関する情報を, 標準的な書式に統一して電子的に交換する仕組みを EDI (Electronic Data Interchange) という. 受発注, 見積り, 決済, 出入荷などに関連するデータを, あらかじめ定められた形式に沿って電子化し, ネットワークを通じて送受信する. 電話やファックスを通して紙の伝票でやり取りしていた従来の方式に比べて情報伝達のスピードが向上し, 事務処理の効率化や人員の削減, 販売機会の拡大などの実現が可能となる.

ネットワークは専用線や VAN (Value Added Network) などを利用するが, データ形式やネットワークの接続形態が異なる他の企業との取引を EDI 化す

るのは難しく，コストもかかる．そのため最近では，Web ブラウザを使った
Web-EDI や XML (Extensible Markup Language) を利用して，標準化とオープ
ン化を進めている．

(2) 電子調達

　企業が購入したい部品や資材をインターネット上で調達する方法を指す．イ
ンターネットを介して部品・資材の提供者を募り入札をかけることで，最適な
条件を提示した商品提供企業を選ぶことができる．また商品の発注や請求など
のコスト削減にもつながる．

(3) e マーケットプレイス (電子市場)

　インターネット上での企業間取引所のことを e マーケットプレイスと呼ぶ．
電子市場を通じて，企業同士が直接やりとりするため，流通コストの削減につ
ながる．売り手にとっては，新規取引先の開拓や営業コストの削減，在庫調整
などを実現でき，買い手は調達・物流コストの削減が実現できる．

(4) その他

　前述の IT アウトソーシングの一種である ASP も，ネットワークを通じて
企業内の業務をアウトソーシングするという点で B to B に分類される．

6.3.2.　B to C

　企業と一般消費者の取引を「B to C (Business to Consumer)」という．イン
ターネット上に商店を構えて Web サイトを介して消費者に商品を販売するネッ
トショップのビジネスモデルが普及しており，多数のネットショップを集めて
一括して提供するネットモールも存在する．

　B to C の例としては，Web サイトを介して消費者に製品やデジタルコンテ
ンツを販売する電子商店や，その集合体であるインターネットモール (ネットモー
ル／電子商店街) が代表的である．電子書籍や音楽・映像作品等のコンテンツビ
ジネスなどもここに含まれる．B to C の種類としては以下のものがあげられる．

(1) 電子商店 (オンラインショップ)

　Web サイトを介して消費者に商品を販売する電子商店 (オンラインショップ)
が，最も代表的な形態である．

　ネットショップの中でも実店舗をもっているものを「クリック & モルタル」，インターネット上の仮想店舗のみで販売しているものを「クリック & クリック」と呼ぶ.

　また，共働き等で買い物に行く時間がないという消費者の生活スタイルの変化に対応し，イオン，イトーヨーカドー，西友などの大手スーパーマーケットは，食品や日用品等の販売をするネットスーパーを展開している．ヨドバシカメラやビッグカメラなど大手量販店でも，家電等に加えて食品や衣料などネット販売を行う商品の幅を拡げている.

《ミニ演習：ケースリサーチ》

コロナ禍により，従来はオンラインショップをもっていなかった企業が，急遽，ショップを開設する例が増えている．その中で，魅力的な例を3つあげ，どのような点が優れているか，または改善すべきかを検討してみよう.

---

(2) コンテンツビジネス

　デジタルコンテンツを，インターネットを通じて消費者へ配信するビジネスである．書籍，音楽，画像，映像，ソフトウェア，ゲームなどをデジタル化して有料（無料の場合もある）で配信する.

　例えば，電子書籍サービスは日本では浸透しないといわれていたが，先行するAmazonのKindleの動きをうけて，現在では日本のほとんどの大手書店に加えて，楽天やヨドバシカメラなども電子書籍サービスを展開している.

　最近では，膨大な映像作品や音楽をサブスクリプションで配信するサービスが増えており，利用者も増加している．サブスクリプションとは，一定期間の利用料金を定期的に支払って，サービスが利用できるようにするビジネスモデルのことである.

《ミニ演習：ケースリサーチ》

米国発のAmazon，Netflix，Hulu等のサブスクリプション型の動画サービス

は広く知られている．一方，同ジャンルの日本発のサービスはどうであろうか．
それぞれの特徴や収益力等を調べ，どの企業に成長性があるかを検討してみよう．

(3) ネット金融サービス

インターネットを通じて株式などの金融商品を売買する仕組みのことである．
一般ユーザー向けにはネット銀行がある．ネット銀行は，銀行の実店舗で登録
をすればオンラインで残高照会や振り込み，登録情報の変更などができる．

近年，IT を駆使した新たな金融関連のビジネスモデルやサービスを生み出
す動きは「FinTech」(Finance と Technology を掛け合わせた造語) と呼ばれてお
り，ベンチャー企業が続々誕生するとともに，既存金融機関も参入するなど，
世界的に注目を集めている．従来の金融機関が手を出さず，潜在的なニーズに
とどまっていた市場を対象とするものが多く，電子マネーや仮想通貨，オンラ
イン株取引などの投資支援などがある．個人向けのものとしては，利用者が複
数の口座取引情報や家計簿等をウェブ上で一括して管理・閲覧できるようにな
るとともに，そのデータをもとに AI で投資や資産管理についてのアドバイス
が得られるサービスが生まれている．

6.3.3. B to B to C

ある企業が，インターネットでのサービスを提供している別の企業を介して
消費者にサービスを提供することを，「B to B to C (Business to Business to
Consumer)」という．そうした電子商店が多数軒を連ねる Web サイトを，イ
ンターネットモール(ネットモール／電子商店街) と呼ぶ．大規模で総合的なジャ
ンルを販売している例として，楽天市場や Yahoo! ショッピング，Amazon
などがある．B to C ビジネスの一種であり，プラットフォームビジネスとも
いえる．

その他，じゃらんや楽天トラベルのようなインターネットの仲介会社のサイ
トにホテルや旅館の予約代行を依頼しているものも該当する．

これまでは消費者に直接アプローチしないで B to B でのビジネスだけを展
開していた企業が，これらのプラットフォームを使って，消費者の動向をつか

み，直接接するために利用する例も増えている．

《ミニ演習：ケースリサーチ》

大手インターネットモール3社を比較して，それぞれの特徴や，最近力を入れているビジネス領域を検討してみよう．

6.3.4.　C to C

インターネット上で個人同士が商取引をすることを「C to C (Consumer to Consumer)」という．C to Cモデルは，Webサイト上でオークションを行うネットオークションや，フリマアプリによるネット・フリーマーケットによる(仲介)ビジネスが代表的である．

ただ，これらのように商品を売買するだけでなく，自分の専門スキルで支援する(例えば，外国語の習得，楽器のレッスンなど)タイプのC to C的ビジネスも誕生している．

コロナ禍により自宅時間が増えたこともあり，気軽に始められる(逆にいえば入会費がない等でいつでも辞めやすい)として人気が出ているともいう．

なお，C to Cモデルと一般的にいわれているが，インターネットに仲介企業がプラットフォームを用意してサービスを利用している形態のため，正確には「C to B to C」モデルだともいえる．

(1) ネットオークション

ネットオークション事業者のWebサイトを介して，出品者個人と入札者個人が商品を売買するビジネス方式のことをいう．出品者は，商品の名称や写真，状態，最低価格，入札期限，配送方法，支払方法などの情報を掲載し，それに応札する入札者を待ち，取引がなされる．ネットオークション事業者は，出品者からの手数料やサイト内広告からの収入を得て事業を展開する．

大手の企業が運営しているオークションサイトが多く，個人のやりとりの場を提供している形態をとる．運営会社は，会員登録のための年会費やシステム利用料などから利益を得ている．

(2) ネット・フリーマーケット

ネット・フリーマーケット事業者の Web サイトや，スマートフォンおよびタブレット端末向けのアプリを介して，出品者個人と購入者個人が商品を売買するビジネス方式のことをいう．固定の価格での取引が基本であり，ネットオークションに比べ，出品側も購入側も少ない手間で行えるのが特徴である．

近年では，スマートフォンの普及を背景に，スマートフォンで商品を撮影して簡単に出品できるフリマアプリの利用者が急増している．出品の手軽さに加え，売買がスムーズに行えるシンプルな仕組み，そして決済代行による安心な取引を実現している点がユーザーの心を捉えている．メルカリなどベンチャー企業に加えて，2014 年からは楽天や LINE なども参入している．

他にも，個人で立ち上げたホームページ上で商品を販売する形態もあり，個人輸入の商品や自作のプログラムなどの販売を行っているものもある．

《ミニ演習：ケースリサーチ》

フリマアプリビジネスは，メルカリ以外にも参入しているが，これまでのところはメルカリが最大手の地位を守っている．その理由は何か，そして他社が同業界で生き残るための方策を検討してみよう．

今日，流通システムや決済システム，個人データのセキュリティ保護など，技術的な課題の解決への取り組みはなされている．しかし，C to C モデルでは，個人情報の漏洩，違法な物品の取引，代金を支払ったのに商品が送られてこないネット詐欺などの問題も起きており，技術的な問題だけでなく，倫理的な問題や運営の仕組み自体の改善など，さまざまな課題が残っている．

6.3.5. D to C (Direct to Consumer, D2C)

主にメーカーが自社の商品・サービスの販売を，EC モールや他の事業者を通さず，自社 EC サイト上で消費者に直接販売するのを「D to C (Direct to Consumer)」という．「D2C」と表記されることも多い．近年，増加しており注目されている．

　D to C モデルは，一種の B to C といえる．したがって，D to C は今にはじまったものではない．インターネットモールが拡大する前から自社サイトで商品・サービスを売買していた企業は多数おり，現在でも沢山存在する．

　しかし，大手インターネットモールの影響力が強まり，手数料や広告料を支払ってでも出店した方がビジネス的なメリットが大きいと考えて多くの企業が出店している．

　しかし一部には，あまりに多くの競合相手・競合商品がインターネットモールに存在するため自社商品が埋没してしまうことやモール側との販売ポリシー相違，出店し続けるためのコスト負担などに課題を感じるメーカーも出てきた．売り上げが一定以上あればよいという考えもあるが，自社製品・サービスに拘りがありブランド価値を重視する企業にとっては，埋没によるブランド価値の毀損が一番心配な面であろう．そうしたことから，D to C の販売手法がにわかに注目を集めている．これが盛んになってきた理由はいくつか挙げられる．

・SNS の多様化と普及でインターネットを介して顧客接点をもつことが容易になっており，自社サイトと連動させることで，ブランドの認知度を上げて顧客をつなぎ止め続ける可能性がある．

・インターネットモールを経由しないので販売毎の利ざやが大きくなり，インターネットモールへの出店料も不要となる．

・インターネットモールの販売ポリシーやデザインのルールに従うと，競合他社との差別化が難しいが，自社サイトではオリジナル色を出して作り込むことができる．また，フリーの Web デザイナーが増えており，委託しやすい．

・D2C 支援企業が多数うまれており，一から販売サイトや課金システムをつくらなくても，その支援企業のサービスを使えば安価かつ簡便に販売サイトを構築・公開できる．そのような支援企業としては，カナダの Shopify や，日本の BASE，STORES などがあり，利用企業が急増しているので安心感もある．

　ただし課題や留意点も存在する．魅力的な販売サイトを作り，SNS やブログを使ったマーケティングを適切に組み合わせて結果を出し続けるには，それ

なりのノウハウと持続力が必要になる．また，自社製品の特徴的な魅力がなければ，注目されないままに終わる可能性もある．また，顧客とより直接的に接点をもつので，顧客対応は従来以上に慎重にすべき点もでてくる．

インターネットモールと D2C を組み合わせる考え方もある．自社の特定の（安価な）商品だけはインターネットモールで販売して不特定多数の潜在的顧客と接点を増やすことを重視し，顧客を自社の販売サイトに誘導して高額な商品を利用してもらえるようにすることも可能であろう．

《ミニ演習：ケースリサーチ》

Shopify, BASE, STORE など D2C 支援企業が実際にどのようなサービスを提供しているか，調べて比較してみよう．
出店までは無料の場合が多いので，関心があれば試しに出店プロセスを体験してみよう．

6.3.6. B to G, B to E

(1) B to G (Business to Government)

企業が政府や自治体と電子商取引を行うことを「B to G (Business to Government)」と呼ぶ．公共事業の電子入札，各種電子申請等がこれにあたる．

政府は，IT 政策の一環として，積極的に取り組むとしている．

(2) B to E (Business to Employee)

企業の福利厚生および自社製品への理解向上の一環として，イントラネットなどを利用して社員向けに物品やサービスを市場価格より安く提供する社員販売制度のことを「B to E (Business to Employee)」と呼ぶ．

扱う商品は当該企業か外部の提携している企業のものが多い．企業が一括して窓口となって取り扱うことで，管理や配送コストが削減できるなどのメリットがあり，割安価格での提供が可能となっている．

6.3.7.　O2O（O to O），オムニチャネル

(1) O2O

通信機能や GPS（Global Positioning System）が付いたスマートフォンやタブレット端末の普及，無線 LAN サービスの拡大などにより，消費者にあった情報配信を行って実店舗へ誘導し購入を促す「Online to Offline」のマーケティング手法が活発化している．なお，「Online to Offline」を O2O と呼ぶことが多い．

O2O とは，ネット店舗やソーシャルメディアといったインターネットを通じて情報等を提供する「Online」側と，実際の店舗である「Offline」側が，相互に連携・融合して消費者の関心を喚起したり購買を促したりする仕組みのことである．「Online → Offline」をイメージする場合が多い．

以前は，「クリック・アンド・モルタル（Click and Mortar）」とも呼ばれ，実店舗とネット店舗の両方を運営するビジネス手法のことを指していた．

ネット店舗やオンラインショッピングモールの Web サイトで，実店舗の情報提供やクーポンの提供などを行って誘客していた．さらに，スマートフォンやタブレット端末で手軽に利用できるアプリの提供なども行っている．例えば，事前にアプリを自分のスマートフォンにインストールしておけば，実店舗に近づくと GPS と連動してオンラインクーポンが消費者のスマートフォンに表示されるといったサービスも行われている．

一方，実店舗側では，実店舗の来店客にインターネット上の追加・補足情報を示唆し，自店舗になくても自社のネット店舗や提携先のネット店舗で提供できる商品・サービスの購買・利用を促す O2O が取り組まれている．

さらに，ソーシャルメディアなどとも組み合わせての活用も増えている．このような動きの中で，IT 活用に積極的でなかった業界・企業でのマーケティングにおけるデジタル活用が始まっている．

また，これまではインターネットでの購入に消極的だった高齢者層や若者層などが，スマートフォンやタブレット端末を普段から持ち歩いて利用に親しんだことにより，O2O を活用する例が増えている．なお，パソコン利用者より，スマートフォンやタブレットパソコン利用者の方が積極的に O2O を利用して

図表 31　O2O 及び OMO のイメージ

【O2O】「オンラインで情報入手⇒オフラインに誘導・購入」が基本

出所：総務省（2020）『情報通信白書　令和 2 年版』p.284 を基に加筆作成

　いるともいわれている．O2O の進化した概念として，OMO（Online Merges with Offline）も注目されている．その内容については後述する．

　O2O の主なタイプとしては，「SNS 連携」「ソーシャルギフト」「共同クーポン購入（フラッシュセール）」「割引クーポン・ポイント」「実店舗と EC サイト情報連携（ポイント共通化，購買情報管理等）」「ネットスーパー」などに分類できる．

　以前は，インターネットで商品の機能・価格・評判を調べて実店舗で購入するという消費行動が多かった．その後，スマートフォンやネットショップでのポイント制度の普及などにより，インターネットで調べた後，実店舗に行って商品を手にとり販売員から商品情報を聞き，あらためてインターネットで注文することでポイントが付加され最安値のネット店舗から購入する O to O to O（Online to Offline to Online）も普及している．

　このような傾向が強まるなか，オンラインへの対応を忘れば顧客を失ってしまうという恐れを抱いて，実店舗側が O2O に積極的に乗り出す傾向が強まっている．

(2) オムニチャネル

　O2O に似た概念として「オムニチャネル (Omni Channel)」がある．「オムニ」とは「すべての」という意味があり，自社の店舗・カタログ・ネットなどあらゆる販売チャネルや流通チャネルを統合して，どのような販売チャネルからも同じように商品を購入し購買データも一括して蓄積できる仕組み構築を目指したものである．

　O2O とオムニチャネルの基本的な違いは，O2O が「(顧客を実店舗かネット店舗への) 誘導」に重点をおいているのに対して，オムニチャネルは「顧客を自社サービスのラインナップ内に囲い込む」を目的としている点である．自社の利益をあげるにはオムニチャネルは理想的な仕組みといえる．

　しかし，実現するのは容易ではなく，オムニチャネル推進の代表企業といわれていたセブン＆アイ・ホールディングスは，思ったような結果を出せず，2016 年にオムニチャネル戦略の見直しを行うことになった．

　一方，オムニチャネルの概念が話題になる前から，ヨドバシカメラは実店舗とネット店舗の在庫情報や顧客情報の一元管理を完了させて，独自で迅速な配送サービスを構築して売り上げ拡大を図っており，実質的にオムニチャネルの好例といえよう．

　消費者は実店舗とネット店舗を必要に応じて選択・活用しており，今後も定着していくと思われる．これからは，実店舗とネット店舗ともに，競争と連携を続けながら，最適な関係の構築に取り組んでいくことになろう．

《ミニ演習：ケースリサーチ》

オムニチャネル推進の代表企業といわれていたセブン＆アイ・ホールディングスが，どのような取り組みをしていたかを調べてみよう．
また，O2O やオムニチャネルの成功事例とその要因を検討してみよう．

図表 32　OMO による消費パターンの変化

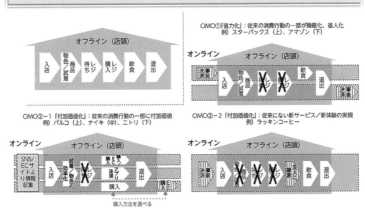

出所：総務省（2020）『情報通信白書　令和 2 年版』p.287 を基に加筆修正

6.3.8.　OMO（Online merges with Offline）

　ユーザビリティが高く顧客にオンラインとオフラインの境界を意識させない利用促進は OMO（Online Merges with Offline）と呼ばれ，注目されている．

　O2O の時代に比べて，近年の OMO は IoT やビッグデータの利用なども想定するなど進化しており，システム面でも高度で，ユーザビリティも高いことが期待される．

　OMO により，小売業などの場合は，①店舗での消費行動が簡便化され省人化も進む，②従来の消費行動の中に付加価値をつける，③顧客に新たな付加価値を提供する，ことが考えられる．

　決済もスマートフォンでできるなど決済が簡便化され，あらゆるところで顧客接点（タッチポイント）を増やすこともできるようになる．

　持続的に成功を収めるポイントとして，顧客にとってはユーザビリティ，企業にとっては運用負担が少ない自動化の要素を高めることなどが必要になる．

《ミニ演習：ケースリサーチ》

OMO の事例といえば小売業がよく紹介されるが，他の業種での事例を調べて
みよう．また，メディア等で先進事例としてとりあげられているものが，実際
にどれほど効果を上げているのか，それはどれほど続いているのか，について
も検討してみよう．

6.4.　e ビジネスがもたらした影響

　インターネットのビジネスへの活用が広がることにより，次のような影響を
もたらしている．

(1) 空間的・時間的制限からの自由

　e ビジネスによって，いつでもどこでも商品を購入したり，企業の情報を管
理したりできるようになった．例えばネットショッピングにおいては，消費者
はオンラインで世界中の商品にアクセスできる．商品の注文，受け取りもオン
ラインや配送で可能であり，これは空間的，地理的な制約が取り除かれたこと
を示している．また，実店舗に足を運ぶわけではないので店の営業時間を考え
る必要はなく，24 時間利用可能な場合がほとんどで，時間的な制約もない．

(2) 双方向のやりとり

　経営者はインターネットを通して消費者の生の声を聞きやすくなり，商品開
発や商品販売戦略に大きく活かされている．消費者同士でもひとつの商品につ
いて見知らぬ人の意見が聞けるなど，活発な交流をしており，購買行動にも大
きな変化が現れている．

(3) ロングテール現象

　e ビジネスにみられる特徴的な現象を"ロングテール現象"という．ロング
テール現象は，主に B to C で見られる．売上高が大きい順に商品を左から並
べてグラフを作ると，右にかけてグラフが急下降し，その後は長い尾（ロングテー
ル）のように徐々に下降することから，このように呼ばれる．

　従来の商取引は，マーケティングの経験則として，上位 20％の売れ筋商品
が売上の 80％を占める「パレートの法則」が一般的であったが，BtoC では残
りの 80％の商品でも売上に貢献する機会がある．例えば，店舗では 1 カ月に

1つしか売れない小額商品は店頭から撤去されるが，B to C ではそのまま Web に掲載しておくことができ，例えば月に1個しか売れない商品でも，それが1,000種類あれば無視できない規模になる．アマゾンでは，書籍売上の約3分の1から半分をロングテール部分から獲得しているといわれる．

(4) ビジネス開始の低コスト化

ビジネスを始めようとしている人にとっても，インターネットビジネスは初期投資，運営費用とも他の業種に比べて比較的低く抑えることができるため，個人でビジネスを始めやすい環境が生まれている．これは，近年のデジタル技術・サービスの進化と普及に大きく影響されている．

(5) ビジネスのスピーディーなグローバル化

インターネットの活用により，自分が考案したビジネスが驚くほどのスピードでグローバルに展開できるということが生じている．インターネットがなければ，Amazon が自国はもちろん，世界中に e コマースを展開することなども不可能であった．これは，他のグローバル・デジタルプラットフォーマーにもいえる．

この他，AI，IoT，ビッグデータ等の新たなデジタル技術・サービスを活用した「知の深化」と「知の探索」を通じて，全く新たなタイプのビジネスが生まれており，可能性は広がっている．

《ミニ演習》

「インターネットがビジネスにもたらした影響」はこの他にもさまざまなことが考えられる．これ以外に4つあげてみよう．
そして，次のそれぞれの立場においてのメリットとデメリットを整理してみよう．
①利用者・消費者　②提供者・提供企業　③地域コミュニティまたは社会全体

6.5. e ビジネスの新たな段階

日本の e ビジネスの発展の歴史は，海外の影響を受けながら，大きな変化を遂げて現在の姿になっている．**図表33**は，インターネットの発展と個人およ

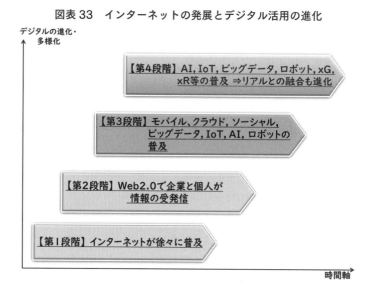

図表33　インターネットの発展とデジタル活用の進化

び企業のインターネット利用の変化，さらにマーケティングとの関係を段階別に整理したものである．

(1) 第1段階（1990年代から2000年代半ば）

インターネットの利用が企業等の法人を中心に徐々に普及して，企業がWebサイトを作成して商品やサービスの情報提供を始めた時期である．基本的には法人側からの一方向的な情報提供である．この段階では，まだ消費者は大衆（マス）として捉えられていた．しかし，従来，接触するチャネルが無かった人々，例えば，海外の潜在的な顧客等に自社の情報を伝えられるようになったのは大きな変化であった．

インターネットの普及と通信回線速度の向上により，画像や動画での情報提供が可能になり，商品・サービスのイメージを伝えやすくなった．

(2) 第2段階（2000年代後半）

ADSLから光回線への進化，携帯電話などモバイル機器の普及と通信回線速度の向上や低価格化などにより，個人のインターネット利用が飛躍的に増加した．さらに，ブログなどで個人が商品・サービスについて紹介したり批評したりすることが増え，消費者側からの意見を企業が無視できないようになって

きた. 企業は, Web サイトでの情報発信と, テレビ・ラジオ・新聞など従来型のメディアとの連携に力を入れ始めた.

第2段階(2000年代後半)では, ADSL から光回線の普及, モバイル機器の普及, 通信回線速度の向上と低価格化により, 個人のネット利用が飛躍的に増加した. さらに, ブログなどで個人が商品・サービスについて紹介や批評が増え, また互いに投稿し合うなど横のつながりができるため, 消費者側からの意見を企業が無視できないようになった. 企業は, Web サイトでの情報発信と, テレビ・ラジオ・新聞など従来型のメディアとの連携に力を入れ始めた.

以前から個人での Web サイト制作はできたが, 一般の人には少し敷居が高いこともありそれほど進んでいなかったので, 第2段階では技術の進歩で大きな変化が起きたといえる.

前の段階では, 通信販売会社などが顧客の過去の購買行動のデータをデータベース化してダイレクトマーケティングを行っていたが, この頃からはアクセス履歴から個々人の嗜好を吸い上げて, それにあったプロモーションを展開できるようになっていた. 文字通り「One to One マーケティング」が実現できるようになってきた. この流れの中で, より精緻なターゲティングをするために, 消費者の閲覧履歴などを追う「行動ターゲティング」などの手法が生み出されてきた.

(3) 第3段階(2010年代)

前の段階の動きがさらに進み, 携帯電話からスマートフォンやタブレット端末など, モバイル & スマートの流れが速まった. そして, そのようなツールで, 個人のソーシャルメディアによる人とのつながりが飛躍的に広まっている. また, クラウドサービスによる大容量化と低価格化が急速に進んでいる.

企業側は, クラウドサービスの整備や, ソーシャルメディアの導入により, 多様な情報発信をはじめている. さらに, IoT の進展によりデータの収集と蓄積・分析が飛躍的に拡大し, ビッグデータの積極的な利用に取り組めるようになった.

分野によるが, AI(人工知能)やロボット(ロボット)が実用レベルに達した. 消費者ニーズの動向把握などの "精度" が大幅に向上するとともに, ビッグデー

タの利用が進み，データ活用によるさまざまな新ビジネスも誕生した.

　デジタル時代の期待が高まり，技術やサービスの開発競争が一段と強まった.

(4) 第4段階(2020年代〜)

　第3段階までの動きの定着が進む. それを後押しするのが，AI，ロボット，IoT，ビッグデータ，xG(5G，6G等)，xRなどデジタル変革のキーテクノロジーである.

　コロナ禍で経済社会の先行きに不安が高まるなか，これらのキーテクノロジーおよび関連サービスへの期待はさらに高まっている.

　次章から，ビジネスのデジタル変革に重要な役割を果たす要因について詳しくみていくこととする.

《発展学習のポイント》

1. eビジネスが進化することで，どのような産業が発展しているだろうか. 逆に，低迷している産業はあるのだろうか.
2. 今後，発展すると思われるeビジネスは何か. タイプ別に考えてみよう.
3. 自分が関心をもったeビジネスの事例を探してみよう，それには，どのようなイノベーションがみられるのだろうか. 危うい点は無いのだろうか.

モバイル & スマート, 5G

　モバイルとは，コンピューティング利用やインターネット活用ができる携帯機器(モバイル端末)とその利用方法のことを指す．従来はノートパソコンの利用が中心で，小型化・軽量化など改良が進み，外出先や移動中でのインターネット利用も容易になっている．

　近年では，スマートフォンやタブレット端末が急速に普及してきたことで，外出先でモバイル端末を使うことが一般的になっている．最近では，"モバイル"というよりは"スマート"と表現されることも多い．そのため，本来は"モバイル & スマート"と呼ぶべきだが，本書では，これ以降は便宜上，"モバイル"と表記する．

　e ビジネスの発展の背景にあるのは，インターネットを利用する個人と企業の急速な増加である．モバイルの普及は，特に個人の利用者の増加に大きく寄与している．前述したように，モバイルの性能は日々改良が重ねられ，性能の

図表34　モバイル＆スマート関連サービスの変遷

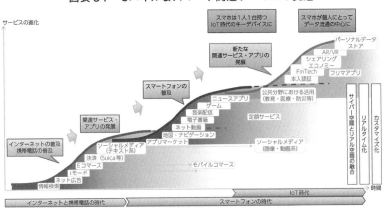

出所：総務省 (2017)『情報通信白書　平成 29 年』p.14 より

進化と軽量化だけでなく，端末のサイズや機能など多様化も急速に進んでいる．
一人１台，人によっては２台以上保有して使う人も増えている．

　普段，身につけて持ち歩くことで，また，サービスの多様化や利便性の向上
により，利用する機会と時間が増えており，B to C ビジネスで顧客とつなが
る有力な手段として注目を浴びている．さらに，これをスピードアップさせる
ために期待されているのが，日本でも 2020 年代からサービスが開始された 5G
（第５世代移動通信システム）である [12]．モバイルに関連するアプリやサービスが
続々と生まれながら，大きく変化している（**図表 34**）．

　本章では，スマートフォンなど多様なモバイル端末・利用の動向と，5G に
ついても取り上げる．

7.1.　モバイル＆スマートの利用端末

7.1.1.　スマートフォン

　モバイルのひとつで，従来型携帯電話（いわゆるガラパゴス携帯，フィーチャー
フォン）に替わって急速に普及しているのが，スマートフォンである．

　従来型携帯電話が普及する以前から，ビジネスパーソンには PDA 端末（個
人用携帯情報端末）を利用する人もいた．PDA とは，スケジュール管理やワー
プロ，メモ機能などを利用できる機器で，電子手帳とも呼ばれていた．その後，
携帯電話が普及して多機能化が進んだ．

　そして，Apple 社が PDA の機能を兼ね備えた携帯電話である iPhone を開
発し，爆発的に普及した．これがスマートフォンの先駆けである．パケット通
信機能や電子メールのやり取り，Web ページの閲覧など，さまざまなインター
ネットアプリケーションが利用可能となった．スマートフォンはまず，欧米で
普及してその後日本でも普及した．

　スマートフォン市場には，Apple 社の iOS を搭載した iPhone と，Google
を中心とした米の規格団体 Open Handset Alliance（OHA）が提供する An-

12　本書ではこれまで，移動体「xG（5G, 6G）」と 5G 以降も視野にいれた形で移動
　　通信ネットワークの進化を表していたが，本章ではわかりやすさを優先して 5G の
　　記載を使う．

droid OS を搭載した，多数の企業から発売されている Android 端末が二大勢力として競い合っている．

7.1.2. タブレット端末（タブレットパソコン）

スマートフォンは，ビジネスパーソンを中心にさまざまなデータの収集・保存・共有などで活用されている．しかし，スマートフォンは画面が小さく，電子化された書類などを閲覧するには不向きだった．そこで生み出されたのが，タブレット端末である．タブレット端末には，携帯電話機能と無線 LAN 機能の両方が付いたものと，無線 LAN 機能だけがついた 2 種類に大別できる．

タブレット端末が発売された当初は，9~10 インチのものが多かったが，その後，持ち歩きやすさを考慮した 8 インチ程度のものが出た．さらに Android 端末を中心に，それより小さいものや大きいものなど，さまざまなサイズの端末が販売されるようになった．

タブレット端末は，スマートフォンを持っている人が追加の情報通信端末として利用している場合が多い．また，スマートフォンでは小さくて見づらいというシニア層が購入する傾向もみられる．さらに，企業が業務用パソコンの代わりや追加の業務利用機器としてまとめて購入したり，家電量販店，ブランド品販売店，飲食店，ホテル等，さまざまな業種で接客用に広く利用されたりしている．その操作のしやすさから，教育現場でもよく利用されている．

最近では，タブレット端末の機種やサイズも豊富になり，価格帯も高価なものから安価なものまで販売されているため，スマートフォンほどではないが，今後も順調に普及していくと思われる．

以上のように，単なるモバイル端末というよりは，「モバイル & スマート」端末の普及が着実に進んでおり，その持ち運びと操作性の高い端末でインターネットにつなぐことで e ビジネスがより身近なものとなっている．

7.1.3. ウェアラブル端末

腕や頭部などに常に“身につけて（ウェアラブル）”利用する小型コンピューターデバイスのことをウェアラブル端末（ウェアラブルデバイス）という．最近では，

アクセサリー的なタイプや，衣服に近いタイプも開発されている．

　小型軽量で身につけながら，音声によってハンズフリーで利用でき，ファッション的な利用もできるなどの利点がある．その他，身につけることで日々の生活を記録し，そのデータを他のデバイスと連携して管理するなど，さまざまな新しいサービスが開発されている．

（1）メガネ型，ヘッドマウントディスプレイ型

　ウェアラブル端末は，当初，頭部に装着するヘッドマウントディスプレイ（HMD：Head Mounted Display）型が開発されていた．最近では軽量化されてメガネにそっくりの"メガネ型"と呼べるようなものが開発されている．スマートグラスとも呼ばれる．HMD型が目を完全に覆う「没入型」（非透過型）なのに対して，メガネ型はメガネのように外が見える「透過型」である．

　メガネ型として最初に大きな話題となったのが，グーグル社の「グーグル・グラス（グラス）」である．この特徴は，メガネのようにいつも身につけて，インターネットがいつでもどこでも利用でき，さらに映像やAR（拡張現実）を写すこともできることだ．音声で指示をすれば，検索，画像検索，翻訳，天気予報表示，道案内，メッセージ送信，ビデオ撮影，写真撮影などもできる．しかし，レストランなど公共の場でのグーグル・グラスの利用については，密かに他者の個人情報の収集を行っているのではないかといった批判もあり，結局，現在はビジネスでの利用に限定されてしまっている．ウェアラブル端末のもつ危うい点が露呈したともいえる．

　この分野では，日本企業の取り組みが活発化している．セイコーエプソンやソニーはソファーに座ったり，寝転んだりと場所を選ばずどこでも大画面の映像を楽しめるHMDを開発している．メガネチェーンJINS（ジンズ）を運営するジェイアイエヌは，使用者本人の視線の動きや瞬き，頭の動きなどをメガネが検知し，身体の異常や眠気などを測定できる製品を販売している．グーグル・プラスのように外界の情報を集めるのではなく，自分自身の状態を把握することに使うのであれば批判を受けることもないので，視点の異なるアプローチだといえる．

　日常生活だけでなく，業務利用のための開発も進んでいる．例えば，医療現

場で手術の準備にメガネ型を利用して準備のミスを減らし，手術自体に利用するという動きがでている．また，大手メーカーでは，工場現場などでの作業の効率化に役立つメガネ型の開発に取り組んでいる．工場での作業手順や図面などを視線の先に表示することで，作業効率を高めるとともに，両手で作業することにより安全性を高めることを狙っている．

(2) 腕時計型，アクセサリー型，着衣型

スマートフォンより手軽に身につけて利用できるウェアラブル端末として，腕時計，リストバンド，指輪，ネックレスなどさまざまな形態での端末が開発・販売されている．特に腕時計型は，スマートフォンと連動して音声通話やメール，スケジュールの統合管理もできるようになっており，着実に市場を広げているのは注目に値する．Apple 社は 2015 年から Apple Watch を発売してシリーズを重ねている．他にも，日本，韓国，中国などの企業が販売している．

指輪やネックレス，装飾性の強いリストバンドなど，"スマート・アクセサリー"と呼ばれる商品の開発も進められている．これらは主に女性をターゲットにした商品開発であるが，なかなかまだ浸透には至っていない．

衣服として身につける"着衣型"の開発も増えている．東レはシャツやベルトを身に着けるだけで生体情報を計測でき，家庭での洗濯により繰り返し使用可能な素材を開発した．これとスマートフォンとの連携により，工事現場の作業員や長距離運転手の心拍数の把握による病気や事故の予防，心拍情報を活用した効率的なトレーニングや運動時のコンディション管理，医療現場への応用などに取り組んでいる．

これらの端末を使うことで，個人の詳細な活動記録が次々とクラウドに蓄積され，新たなビジネスやマーケティングに活かされることが期待されている．一方，蓄積されたデータの管理を間違えば，個人情報や私生活の様子などが容易にインターネット上に広まりかねないという懸念も指摘されている．

7.1.4. スマートスピーカー（AI スピーカー）

スマートスピーカーとは，対話型の音声操作に対応した AI（人工知能）のパー

ソナルアシスタンス機能を活用したスピーカーである．スピーカーとして発話
や音楽・ニュースなどの再生ができるが，人との対話において収音機能ももち
あわせている．利用過程でのやりとりがAIに蓄積・分析されて性能の向上に
生かされている．日本では，"AIスピーカー"とも呼ばれている．

　2014年のAmazon.comによるAmazon Echo発売以降，Google，Apple，
Microsoft，LINE等の大手IT企業が自社のAI支援機能を搭載したスマート
スピーカーを続々と発売した．日本では一時期，「スマートフォンの次はスマー
トスピーカー（AIスピーカー）」などともいわれたが，モバイルのように持ち運
びを前提としていないので代替対象とは言い難い．AIアシスタント機能を基に，
スマートスピーカーとスマートフォンなどを連動して利用できるというネット
ワーク化のメリットに注目すべきであろう．

　キーボードが苦手な高齢者や，家事や仕事などほかの「ながら」作業中の人
にとって，音声で一連の操作が行えるため重宝されている．また，IoT端末を
家電につなげるIoT家電操作のコントロール装置としても使われている．さ
らに，近年は音声に加えて映像を映せてタッチパネル機能も使えるディスプレ
イのついたタイプが増えて，価格も一定程度に抑えられ，普及が進んでいる．

　こうしてみると，スマートスピーカーは高機能のタブレット端末とかなりシ
ンクロしてきているともいえる．コロナ禍においてはソーシャルディスタンス
を図り，また，ディスプレイを複数の人がタッチすることもはばかられること
があるので，スマートスピーカーのニーズはますます高まると予想される．

　留意すべき点としては，もしハッキングなどされた場合，収音機能やカメラ
機能でプライバシーが脅かされる可能性がゼロではないという点である．各社
とも対策は講じているはずだが，室内でも利用する場所や発話内容などは注意
する必要がある．

7.2.　モバイルがeビジネスに与えた影響

　ガラパゴス携帯の時代から，モバイルは一部の企業によって活用されていた．
しかし，スマートフォンやタブレット端末が普及してインターネットがより身
近になり，企業内でのコミュニケーションや，企業と消費者間でのコミュニケー

ションなど，インターネットの活用形態や範囲に大きな影響を与えている．

次に，企業によるモバイルの活用形態を，具体的にみていくこととする．

7.2.1. 企業内での活用

従来，企業で利用されている機器はパソコンが中心であったが，近年はスマートフォンやタブレット端末を活用する企業が急増している．企業から社員に配布し，社内コミュニケーションの円滑化や，スケジュールから製品の在庫情報や顧客情報などの管理まで，日常業務をひとつの端末で統合している．さらに，モバイルという特性を生かすことで移動時間などの空き時間に業務を行うことができ，無駄な時間や夜の残業を減らすことにもつながっている．企業内での知識の伝達を，リアルタイムの映像を利用しながらｅラーニングで行う試みもある．

私用のスマートフォンやタブレット端末を業務用としても利用する"BYOD（Bring Your Own Device）"と呼ばれる利用形態も広まっている．モバイル端末を活用することで業務効率化が進むとともに，企業が業務用のスマートフォンを新たに購入しなくてすむのでコストダウンにつながるからである．

ただし，BYOD は，情報セキュリティについては危険な面が多いため，クラウドコンピューティングなどを利用して端末に情報を残さない，私用と業務用でアプリケーションを分ける必要があるなど，慎重な対応策が必要となる．

7.2.2. 企業と消費者間での活用

モバイルの普及により，インターネットをあまり利用してこなかった人々もインターネット環境が身近なものとなり，インターネットユーザーの数が大幅に増加した．それによって，企業と消費者間の活用としては，スマートフォンやタブレット端末を通じて，手軽にショッピングできる機会の増加と，インターネット広告の提供手段の多様化・増加という大きな変化が起きている．

（1）モバイルを使った消費活動

普段から持ち歩くことが多いスマートフォンやタブレット端末を使ってオンラインショッピングができるサービスの提供が進んで利用者も増えている．ス

マートフォンを利用したeコマースの市場規模は拡大を続けている.

　モバイルでのインターネット利用は，さまざまなビジネス形態を生み出している．消費者は，実際の店舗にいながらもモバイルで製品の価格やクチコミを確認し，先にもみたように，実店舗とインターネットの双方を組み合わせた購買行動をとるようになっている．また，GPS機能を利用して近くの店を探し，今いる場所や見ているものについてSNSを通してリアルタイムで情報を受発信できる.

　一方，企業側は，GPS機能を利用して近くにいるユーザーをリアルタイムで把握し，付近の店舗広告やクーポンの発行をスマートフォンに行うなど，ターゲットを絞った販促に活用している．これをモバイルマーケティングといい，6章でみたように，O2O（Online to Offline）やOMO（Online Merges with Offline）といったインターネットから実店舗に誘導するマーケティングが拡大している.

（2）モバイルを使った広告

　普段持ち歩くスマートフォンやタブレット端末の利用者が急増していることにより，インターネット広告を目にする人の数と頻度も増えている．これに伴い，企業はインターネット広告に力を入れている．スマートフォンを利用した広告市場は年々伸びており，今後も拡大していくと予想されている．そこで注目されているのが，アプリケーション（アプリ）である.

　広告だけでなく，実際の店舗内での販売促進にも活用されている．たとえば，これまでは固定されたPOS端末でしか見られなかった顧客情報を，タブレット端末で見ながら接客することで，より効果的な接客が可能となっている．さらに，モバイルの大容量化・高速化が進んだことで，モバイル向け動画広告も一般化しており，これが消費を後押ししている.

　このように，モバイルの普及によってeビジネスが急速に発展し，一人ひとりの消費者とつながるマーケティングが実現している．また，ネットだけ，またはリアルだけ，といったこれまでのビジネスのあり方に変化が起きており，ネットとリアルをうまく組み合わせたビジネスモデルの構築が，今後の成否の大きなポイントになるだろう.

7.3. 5G（第5世代移動通信システム）

　成長が続くモバイル＆スマート経済をスピードアップさせるために期待されているのが，5G（第5世代移動通信システム）である．日本でも2020年代からサービスが開始されている．5G は高速・大容量に加え，多接続，低遅延（リアルタイム）が実現され，モバイルから IoT まで，幅広いニーズへの対応が可能となる．

　移動通信システムは，約10年ごとに大きな発展を続けて"世代（Generation）"を積み重ねている．この30年間で最大通信速度は約10万倍に達している．ビジネスなどで広く使用されるようになってきたのは，第3世代頃からで，第4世代はスマートフォンなどのモバイル端末の高機能化とあわせて，幅広く使われている．

　5G により，4G を"超高速"化しただけでなく，遠隔地でもロボット等の操作をスムーズに行える"超低遅延"，多数の機器が同時にネットワークに繋がる"多数同時接続"といった特長をもつ通信が技術的に可能となる（**図表35**）．

　そのため，5G は，あらゆる"モノ"がインターネットにつながる IoT 社会の実現に不可欠なインフラとして期待されている．

図表35　5G の特長

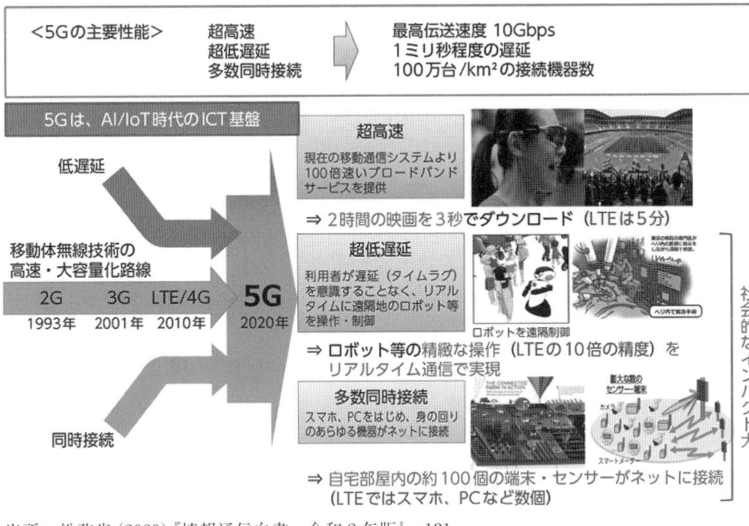

出所：総務省（2020）『情報通信白書　令和2年版』p.131

　日本では，大手携帯通信各社が 2020 年春からの普及を目指していたが，コロナ禍で社会的にもそれどころではなくなってしまった．技術的には高度なことはできるが，通信の基地局などはまだ大都市に集中しているため，幅広い地域で使えるようになるには時間がかかるといわれている．

　ただし，コロナ禍によりテレワーク，オンライン学習から，スポーツやライブの観戦，映像作品の視聴など，大容量通信のニーズは確実に高まっており，長期的には定着すると思われる．5G が社会一般に広まれば，その特長を活かすことで，ｅビジネスの新たなタイプが生まれるであろう．

　実は 2030 年頃のサービス提供を目指して，すでに次の 6G（第 6 世代移動通信システム）の準備は進められている．移動通信システムの技術進歩は早く，これからが期待される．

《ミニ演習》

日本では，5G によるビジネス革新の可能性について，政府や携帯通信事業者などが盛んに PR している．
これらを，「知の深化」「知の探索」の 2 つの面で，それぞれの実現可能性や収益力の見通しについて検討してみよう．

7.4.　課題と展望

　モバイルの普及は，単に携帯電話端末の機能が高度化しただけではなく，人々の行動に大きな影響を与えている．モバイルやインターネットは生活に欠かせないものになっているが，インターネットや情報セキュリティについて知らなくても簡単に利用できる環境となっているため，さまざまな犯罪や事件にもつながりやすい．特に Android 端末のセキュリティは懸念が残る．モバイルやインターネットの利用にあたって各自がセキュリティ意識をもつことが不可欠である．

　また，スマートフォン，タブレット端末，ウェアラブル端末，スマートスピーカーなど，多種多様な端末が開発されている．いずれもメリットとデメリットを持ち合わせているため，それらの特徴を十分理解したうえで，利用端末を選

択する必要があるだろう．

　日本における 5G（第5世代移動通信システム）の普及はこれからであるが，ビジネスの革新はもちろん，さまざまな経済社会問題の解決に役立つ可能性を秘めている．そのためにも，このような情報技術の進歩を活用して，どのようにビジネス等の課題解決や新たなビジネス創造に結びつけられるのか，問題意識をもって活用していくことが望まれる．

《発展学習のポイント》

1. あなた自身または家族や友人が，どのようなモバイル端末を持ち，どの程度使いこなしているか考えてみよう．そこにおける課題と，解決方法はどのようなものか．
2. ビジネスにモバイル＆スマートや 5G が活用されている事例を探してみよう．そして，それはどのようなメリットとデメリットがあるだろうか．
3. あなたが関心をもつビジネスにおいて，モバイル＆スマートや 5G の創造的・発展的な活用方法は何であろうか．そのためにはどのような工夫や留意点があるだろうか．

クラウドコンピューティング

クラウドコンピューティングは，デジタル時代のインフラである．本章はその発展の歴史と現在について取り上げる．

8.1. クラウドコンピューティングとは

8.1.1. クラウドコンピューティングの基本概念

クラウドコンピューティングの"クラウド"とは，"雲（cloud）"を指す．コンピューターのシステム概念上でインターネットは雲のような存在として描かれるようになった．

クラウドコンピューティングが登場する以前は，企業がもつさまざまなデータやソフトウェア，アプリケーションは，企業が保有するサーバやストレージに格納されるという情報システムが主流であった．

ところが，クラウドコンピューティングが登場したことで，大きな変化がおこる．クラウドコンピューティングの場合は，自社内にサーバなどのハードを

図表36　クラウドの情報収集から活用のサイクル

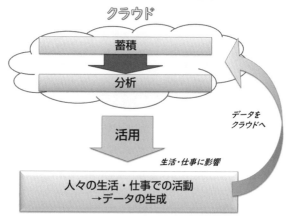

保有するのではなく，インターネットの先（雲の向こう）にあるサーバで情報を処理するシステム形態をとっている．言い換えれば，ハードウェアやソフトウェアを"仮想上で借りる"ということで，必要に応じてネットワークにアクセスし利用するというものである．

8.1.2. クラウドコンピューティングの技術

クラウドコンピューティングは，仮想化技術という技術を基盤としている．仮想化技術とは，分散処理技術を利用した技術で，1台のコンピューターの中に複数の基本ソフトを同時に稼働させることで複数のパソコンがあるようにみせたり，複数のコンピューターをまとめてあたかもひとつの大きなコンピューターとして活用するような技術である．この技術を利用したコンピューターを仮想化マシンといい，どのようなサーバが何台あるかをあまり意識する必要がなく，必要に応じて拡張可能な情報インフラを提供している．また，仮想化マシンを利用することで，導入コストや設置スペースの削減が可能となっている．

8.1.3. クラウドコンピューティングの利点

（1）無駄のない利用

クラウドコンピューティングの導入により，データ管理専門の人材は，これまでより少なくて済む．IT人材の調達が難しい中小企業でも導入しやすくなった．

コスト面でも，これまで各社が担っていたデータセンターのスペースや維持にかかる電力や冷却のコストは，分散されるため大幅に削減できる．さらに，利用期間や利用料に応じて支払うため，従来のアウトソーシングなどと比べても，柔軟な利用が可能でコストを削減することができる．

（2）処理能力の向上

先に述べた，クラウドコンピューティングで用いられている仮想化技術によって，処理能力が大幅に拡大された．さまざまなタスクの処理スピードがアップされ，仮想マシンによる分散処理技術を利用することで，複数の仕事を複数のコンピューターで分散して処理させることができるため，膨大な量の情報処理も可能となっている．

（3）アクセシビリティ

　クラウドコンピューティングでは，サービス提供の機器を特定しないため，あらゆる場所からあらゆるデバイスでアクセスできる．また，複数の地域に設置したデータセンターから随時最適なデータセンターを選択する"データセンターの分散化"も始まっている．これにより，災害などでひとつのデータセンターが利用できなくなってしまった場合でも，他のデータセンターを利用できるというリスクの低減につながる．

8.2.　クラウドコンピューティングの種類

　クラウドで提供されるサービスは，視点によってさまざまな分類の方法がある．例えば，対象者が誰かという視点から，次の３つに分類できる．

・不特定多数を提供対象とする「パブリッククラウド」

・企業内や企業グループ内を対象とする「プライベートクラウド」

・両者を組み合わせた「ハイブリッドクラウド」

図表37　クラウドコンピューティングの３つの層

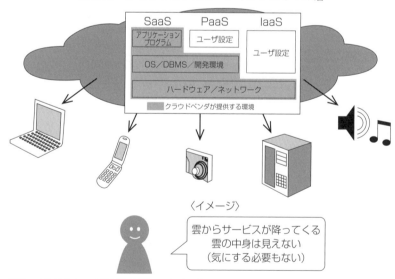

出所：大嶋淳俊（2012）『情報活用学入門』学文社，p.191 を加筆修正

例えば，我々がパソコン，スマートフォン，タブレット端末などで個人的に使っているクラウドサービスは，"パブリッククラウド"になる．

提供対象とは別に，クラウドの構成要素によって，大きく3つの形態に分類できる．それぞれについて，詳しく説明する．

8.2.1. クラウド基盤層（IaaS）

IaaS（Infrastructure as a Service）とは，クラウド基盤層の略称で，サーバやストレージのハードウェア機能をそのまま提供する層のことをいう．例えば，サーバ，CPU，ストレージなどのインフラをサービスとして提供する Amazon EC2 などは，これに該当する．

IaaS は，ネットワーク，ハードウェア（CPU・メモリー・ハードディスク），OS を提供するサービスで，仮想化技術などによって，ユーザーが必要とする分だけが提供される．ここでは，仮想化技術による柔軟な構成変更，データセンターによる堅牢な運用などが求められる．

8.2.2. クラウドサービス提供層（PaaS）

PaaS（Platform as a Service）とは，クラウドサービス提供層の略称で，クラウド上のアプリケーションを提供するための基本的サービスを提供する層のことをいう．ハードウェアや OS などの基盤一式を，インターネット上のサービスとして遠隔利用できるようにする．例えば，アプリケーション開発環境をクラウド上で実現する Salesforce.com による Force.com などはこれに該当する．

PaaS は，IaaS の構成要素に「ミドルウェア」を加えたもので，アプリケーションを稼働させるための基盤（プラットフォーム）をサービスとして提供する．IaaS の構成要素に加え，データベースソフトや Web サーバーソフトといった Web アプリケーションを稼働させるためのソフトウェアや，アプリケーション開発に必要となるソフトウェアが提供される．PaaS は IaaS とは異なり，ユーザーは OS を直接操作することはないため，OS の各種設定や保守作業をユーザー自身が行う必要がない．

8.2.3.　クラウドアプリケーション層（SaaS）

SaaS（Software as a Service）とは，クラウドアプリケーション層の略称で，エンドユーザーが利用できるアプリケーションを提供する層のことをいう．例えば，Google Docs や Dropbox などはこれに該当する．

SaaS では，ユーザーは Web ブラウザを利用して，SaaS 事業者が提供するオフィス系アプリケーションやファイル管理などの Web アプリケーションにアクセスし，サービスを利用する．また，SaaS のアプリケーションの機能が不十分である場合は，ユーザー自身が機能を開発し追加することも可能である．

SaaS の具体例としては，グーグル社の Gmail や Google Calendar のように，Web サイトの画面上でメールやスケジュール管理を行うことができるサービスが挙げられる．

《ミニ演習》

ビジネスでのクラウドコンピューティング利用例は沢山ある．この中から，日本企業の「IaaS」「PaaS」「SaaS」それぞれのタイプでの利用例を 2 つずつあげてみよう．そして，各社がなぜそのタイプを選んだのか，どのようなメリットや課題があるのかを検討してみよう．

8.3.　企業のクラウド利用状況

企業のクラウドコンピューティングの利用状況は，総務省が毎年発表している「通信利用動向調査」が詳しい．これによると，クラウドサービスを全社的または一部の部門で利用している企業は，2010 年末時点で 14％，2014 年末時点で 38％，そして 2019 年末で約 65％と，過去 10 年で 4.5 倍近く増えている．

「令和元年　通信利用動向調査報告書（企業編）〔令和 2 年 8 月発表〕」によると，産業分類別の利用率は「情報通信業（90.3％）」で 9 割を超えている．次いで，「金融・保険業」が 80.1％，「不動産業」が 79.5％と 8 割前後で，5 年前と比べて 20 ポイント近く上昇している．一方，利用率が最も低い「運輸業・郵便業」でも 55.2％と，5 年前から 35 ポイント近く上がっている．

資本金規模の大きさと利用状況はある程度正比例しており，基本的に大企業

ほど利用率が高い傾向にある．ただし，ベンチャー企業の大半はクラウド利用を大前提として仕事をしている．

　クラウドの利用内容は，「ファイルの保管・データ共有」「電子メール」「サーバ利用」の項目が4割〜5割と多い状態が数年前から変わらず，SaaS またはPaaS に分類されるサービスの利用が中心と見られる．一方，「システム開発・Web サイト構築」や「認証システム」といった IaaS が想定される項目は10％程度で，5年前と比べて5ポイントほど上がったものの，「営業支援」「取引先との情報共有」など“攻めの IT 活用”に活かせる使い方は2割を切っている．また，「生産管理，物流管理，店舗管理」など，どの企業も IT 活用で重要視すると思われる項目は1割程度のままである．

　クラウドの利用理由として多いのは，「(社内に IT) 資産，保守体制を持つ必要がない」「場所，機器を選ばずに利用できる」などが4割以上である．一方，今後も利用しないと答えた企業に理由を聞くと，「必要がない」が約45％，「情報漏洩に対する不安」が約3割，「メリットが分からない，判断できない」が2割弱と，そもそもの理解が不足していることがみてとれる．クラウド利用の効果については，約8割が「効果があった」と回答しているが，上記の状況からどれほど具体的な効果を出しているのかは疑問が残る．

　このように，総じてクラウド利用についての理解や利用方法のレベルには，改善の余地が大きい．今後，クラウドを利用する企業を増やすためには，クラウドの特長や適切な運用方法についてさらなる周知が必要であろう．

《ミニ演習》

クラウド利用について，日本と米国の企業では，導入率，使用目的，効果の捉え方について大きな開きがあるといわれている．最新のデータを調べて比較し，その理由や改善方法について検討してみよう．

8.4. 課題と展望

　クラウドコンピューティングの進化と普及は，ビジネスのデジタル化とデジ

タル変革にさらなる進化をもたらす可能性を秘めている．一方で，次のような懸念も指摘されている．

（1）情報漏えいの危険性

クラウドサービスを利用するということは，自社の重要情報を含むさまざまな情報を大規模仮想環境に預けるということである．多数の利用者のデータが共同処理され，世界中の複数のサーバに分散的に管理されるため，利用者にとっては所在情報やセキュリティレベルが不明な環境に預けることにもなりかねない．

（2）管理体制と責任の不明確さ

クラウドサービスの利用において，個人情報や企業の重要情報等が大量に集積されるため，ハッカーに狙われる対象になりやすい．自社で情報を管理せず，クラウド事業者へ委託するので，ハッカーの攻撃等への防御やシステム保守等は事業者に任される．リスクや責任の所在について，契約前に検討して明記しておく必要がある．データセンターやヘルプデスクが遠隔地または国外に設置されている場合も多く，立地リスクやサポートの対応言語，対応可能な時間帯にも留意する必要がある．

（3）企業活動全体への影響

クラウドサービスでは，企業の利用する情報がネットワーク経由で管理されているため，ネットワークの不具合やクラウド事業者のトラブルにより情報にアクセスできなくなると，企業活動全体に影響が出る．クラウド事業者自体が倒産などすれば，情報システムの運営自体に大きな支障が生じる可能性もある．

クラウドでトラブルが起きて情報がすべて消失する可能性もあるため，業者による適切なバックアップの実行も必須だ．もっとも過去にクラウド業者がバックアップに失敗して，預かっていた情報自体を喪失させてしまった例もある．信頼のおけるクラウド事業者の選定と，保証のルールが重要である．

IoT利用は，クラウドコンピューティングの利用と密接に関係している．クラウド利用が遅れていれば，自ずとIoTなど新たなデジタル技術・サービスの利用自体が進まず，競争面で非常に不利になってしまう．

今後の情報システムは，自社運用型とクラウドコンピューティングそれぞれ

の特徴を理解したうえで，トータルコストや安全性，そしてシステムの進化の度合いをみながら，最適の方法を選択する必要がある．IT 専門部署だけでなく，経営陣の中に CIO/CDO を担える人材を揃えることは極めて重要になる．

《発展学習のポイント》

1. クラウドコンピューティングは，どのような理由で発展し，普及してきたのであろうか．

2. クラウドコンピューティングが活用されている事例を探してみよう．そして，それはどのようなメリットとデメリットがあるのだろうか．

3. あなたが関心をもつビジネスにおいて，クラウドコンピューティングの創造的・発展的な活用方法とは何であろうか．そのためにはどのような工夫や留意点があるだろうか．

9.

ソーシャルメディア

　インターネットの爆発的な普及やスマートフォンおよびタブレット端末などのネットワークと情報通信機器の大幅な進展・進化により，情報化社会は新たな段階に進んでいる．従来のテレビや新聞などのマスメディアだけでなく，個人が情報を発信する動きが強まり，情報の発受信の在り方が多様化し，コミュニケーションが拡大している．そこで活用されているのがソーシャルメディアである．

　本章では，我々の仕事や生活に大きな影響を与えている SNS に代表されるソーシャルメディアについて取り上げる．

9.1. ソーシャルメディアと SNS

　ソーシャルメディアとは，インターネットを利用して誰もが手軽に情報を発信して相互に交流できる双方向のメディアのことである．代表的なものとして，ブログ，Facebook や Twitter 等の SNS (Social Networking Service)，YouTube 等の動画共有サイト，Instagram 等の写真共有サイト，LINE 等のメッセージングアプリ，価格.com 等の情報共有サイトがある．

　Google の検索エンジンに代表されるサービスのキーワードは「調べる」なのに対して，Facebook などソーシャルメディアのキーワードは「つながる」である．そして，「つながる」だけでなく，「共有（シェア）する」動きが広まったことで，ビジネスにも大きな影響を及ぼしている．ソーシャルメディアは，企業のマーケティング戦略においても極めて重要な柱のひとつとなっている．インターネットへ手軽にアクセスできるスマートフォン等の普及により，ソーシャルメディアの利用はますます広がっている．

　ソーシャルメディアと SNS はよく混同されるが，SNS はソーシャルメディアの一部である．SNS とは，登録された利用者同士が（視覚的に把握して）交流

できる Web サイトの会員制サービスのことである．基本要素としては，"自分のホームページを持って自己のプロフィールや写真を掲載する．ホームページは公開範囲を制限できる日記機能などが用意され，アプリケーションをインストールすることで機能拡張できる．その他，Web メールのようなメッセージ機能やチャット機能，特定の仲間だけで情報やファイルをやりとりできるグループ機能など多様な機能を持っている．これらの機能はスマートフォンなどでも使えるようになっている．"というものである．

　各社のサービスは，最初は新たな技術・サービスから始まるが，競争激化の中で他社と類似のサービスを追加して，徐々に似かよってきている．ソーシャルメディアは，それぞれの特徴を残しつつも，機能面での共通化が進んでおり，それゆえに競争も激化する傾向にある．

9.2. ソーシャルメディアの動向

　ソーシャルメディアの利用者は，スマートフォン等の普及も相まって，急速に増加しつつある．世界最大の SNS サービスを提供している Facebook の月間利用者数は 27 億人以上ともいわれている．

　スマートフォン，タブレット端末の利用者は，ソーシャルメディア(マイクロブログ，SNS，動画投稿)の利用率がパソコンや携帯電話利用者に比べて高くなる傾向にある．いつでも手軽にインターネットにアクセスできるスマートフォン等の普及で，ソーシャルメディアの利用は今後さらに広がるであろう．

9.3. 主なソーシャルメディアの事例

9.3.1. SNS(Social Networking Service)

　SNS(Social Networking Service)とは，共通の話題や趣味をもつ人同士が繋がり，ウェブで情報共有や意見交換ができるサービスの総称である．参加者からの紹介を必要とする場合もある．特徴は，次のとおりである．

　① 日記やプロフィールを公開[13] して，インターネットの特性のひとつであ

13　ただし，ユーザーが公開範囲を設定できる場合が多い．

る「匿名性」をある程度排除し，クローズドなネットワーク構築が可能.

② 社会でのつながりが可視化でき，セグメント化が可能.

　上記の①については，Twitter など投稿へのコメント機能や SNS 内のコミュニティーでの交流などがある．②については，実名登録を基本とする Facebook や LinkedIn などがある．

　最近は，匿名での利用ができ，写真の投稿が中心で手軽に利用できる SNS に人気が集まっている．写真中心であればテキストを投稿するよりも手軽であり，"いいね！"ボタンなどとの併用で，異なる文化・言語の人とも簡単に広く交流ができる．その代表的なサービスである Instagram は，近年，月間利用者が急激に伸びている．また，中国発のショート動画を中心とした TikTok も月間利用者数を大幅に伸ばしている．

　ここでは，世界的に利用されていて月間利用者数が多い，Facebook（フェイスブック）と Instagram（インスタグラム）および Twitter（ツィッター）を取り上げる．

(1) Facebook

①概要

　SNS の代表ともいえる Facebook は，2004 年に米国の大学生向けに開始された．2006 年 9 月以降は一般にも開放し，日本語版は 2008 年に開設された．13 歳以上であれば無料で参加できる．基本的に実名登録制となっており，個人情報の登録も必要となっている．

②現状・取り組み

　日本における Facebook のユーザー数や普及率が，他国と比べて比較的低いのは，2000 年代は国内最大の SNS「mixi（ミクシィ）」が日本の SNS 市場をほぼ独占してきたことや，初期において Facebook の「実名登録制」にプライバシーを心配する日本人が躊躇していたことなどがあげられる．

　2008 年 5 月，ボランティア利用者がサードパーティの翻訳アプリケーションを使って無償作業をして，初めて日本語化されたインターフェイスが公開された．しかし，はじめはソーシャルメディアそのものに関心のある業界人や帰国子女，海外留学経験者，外国人とのコミュニケーションを楽しめる人という

ような，日本の中でも一部の人によって利用されるにとどまっていた.

　2010年1月には，米国以外で初の支社であるFacebook Japanを東京で発足させた. 当初のスタッフは計4人だけで，この頃のFacebook Japanは「Facebookの良さをどうやって日本に伝えていくかということ」,「日本の携帯電話でもFacebookを使えるようにすること」に取り組んでいた.

　2011年以降，国内のFacebookの月間利用者数は急増し，2011年秋にはmixiを超えたと報道された. モバイル対応の強化や，若者に人気のInstagramとの連携などにより，世界の月間利用者数は，世界で27億4,000万人と伸びている. 一方，日本では2,600万人で横ばいが続いている（いずれも2021年1月）. ベンチャー系の企業経営者やアクティブに活動している企業人や大学教員などには，Facebookを一種のビジネスツールとして積極的に活用している者も比較的多い.

　今後は，単なる登録者数の増加だけでなく，いかに交流を活性化させて，月間利用者数を伸ばしてしていくかが継続的な課題といえる.

(2) Instagram
①概要

　Instagram（インスタグラム）は，近年急激にユーザー数を伸ばしている無料の画像（写真）共有アプリであり，写真と動画に特化したSNSである. ユーザーは，スマートフォンなどで撮影した写真や動画を編集し，同サービスあるいは，FacebookやTwitterなど他のSNSでも共有ができる. 投稿された写真や動画は，フォロワーのみに公開され，フォロワーは閲覧した投稿に対して「いいね！」をつけたり，コメントしたりする. 投稿にテキストをつけることもできるが長くても数行程度と，Facebookなど他のSNSに比べて短い傾向にある.

　Instagramの開発者であるケビン・シストロム氏は，2010年にInstagram社を立ち上げ位置情報アプリの開発に着手したが，その後，写真の共有に活路を見いだし，同年10月に写真に特化したアプリInstagramの提供を開始した. 2012年4月に米Facebook社に買収されたが，現在でも独立して運営されている. 2013年6月には，競合する他のSNSに対抗し，動画の投稿・再生機能が追加されたが，Instagramはアプリの肥大化（機能の多様化）を避ける傾向に

あり，新機能を別のアプリとしてリリースすることもある．

②現状・取り組み

　Instagram の登録者数は，2010 の提供開始からわずか 3 カ月程度で 100 万人を突破し，翌 2011 年 6 月には 500 万人，同年 9 月には 1,000 万人に達した．2012 年 7 月の初公開時には 8,000 万人とされていた月間利用者数は，2014 年 12 月の時点で 3 億人を，2015 年 9 月には 4 億人を超えた．国内の利用者数も急激に伸び，2015 年 9 月の時点では 920 万人と 1 年前と比べて倍増している．

　Instagram で投稿した写真や動画には，Twitter と同様に「ハッシュタグ」（例：#kawaii）をつけることができる．Instagram には「シェア」機能が備わっていないため，他の SNS のように投稿を自動的に拡散することができない．したがって，ユーザーは他のユーザーのハッシュタグ検索に引っかかるように，投稿に複数のハッシュタグをつけるのが一般的である．

　Instagram では，複数のフィルターを選択することができ，ユーザーは写真や動画をトイカメラで撮影したようなものや，一眼レフで撮影したようなものなどに加工することができる．投稿写真の高い質が多くの人を惹きつけているが，特に「おしゃれ」なものを好む若年層の女性の利用率が高い．

　ユーザーの傾向が明確なため，現在では，アパレルブランドやコスメブランドなど，女性をターゲットとする企業を中心にビジネス活用が進められている．公式アカウントを開設し，投稿写真や動画に自社ブランド関連のハッシュタグを組み込んでおくことで，ブランドや商品の認知度を向上させることができる．フォロワーにクーポンや非売品をプレゼントするなど，Instagram 限定のキャンペーンも行われている．Instagram の月間利用者数は，世界で 10 億人，日本では 3,300 万人である（いずれも 2021 年 1 月）．

　Instagram は長い文章が不要で写真だけで手軽に投稿でき，「映え」れば人気がでることから，飲食店や小売店は販売と集客のために利用に力をいれている．今後，企業による Instagram のビジネス活用はさらに進むと予想される．

(3) Twitter

　SNS には，Twitter に代表されるミニブログ／マイクロブログがある．これはブログをさらに簡素化させた簡易ブログのことである．アーカイブやコミュ

ニケーション，情報収集など，活用方法は多様かつ自由である．サービス名としては，Twitter，Tumblr，さらに中国ではウェイボー（微博）などがある．

　ここでは，代表的な Twitter を取り上げる．

①概要

　Twitter は，140字以内でメッセージを発信し，相互にコミュニケーションを取ることができるサービスである．「いまどうしてる？」に応える形で，パソコンや携帯などを経由して，140文字以内で発信する．発信したメッセージはつぶやき（ツイート）と呼ばれ，間接的に緩やかなコミュニケーションが取れる．リアルタイムでメッセージを交わしてコミュニケーションが取れる点でチャットに近く，ひとりごとのようなつぶやきを蓄積するという意味ではブログの要素ももつため，ミニブログとも呼ばれる．他のユーザーのツイートを受信（フォロー）し，相互にコミュニケーションを図るという SNS 的な側面ももつため，リアルタイム SNS とも呼ばれる．

　ユーザーのツイートを受信（フォロー）する際の認証は不要で，一方的に受信することが可能である．これは，旧来の SNS が相互認証を前提としていた点と大きく異なる．また，ハッシュタグ（例：#oshima-lab）を利用して，共通の話題で不特定多数との会話を楽しむことができる．シンポジウムやイベントなど対面の場でも不特定多数の人とのリアルタイムなコミュニケーションの手段として活用されることもある．

　Twitter は140文字という制限の中で，「L：場所」（位置情報），「# 話題」（タグ），「@アカウント名」（特定のユーザーへのメッセージ）などの文字や記号を使い，より多くの充実した情報を盛り込むことができる．

② Twitter の特徴

　多くのフォロワーをもつユーザーは，他のユーザーのツイートを再発信するリツイートと呼ばれる機能を使って，情報を迅速かつ広範囲に伝えることができる．2011年3月の東日本大震災ではこの特性が発揮され，携帯電話やスマートフォンなどから，人命救助や，特定の地域や詳細な品目が書かれた救援物資の提供呼びかけ，首都圏の交通機関のリアルタイムな混雑状況の発信などに役立った．一方でデマなども多く飛び交った．真偽がわからない情報を不用意に

広めない，他のメディアと組み合わせて情報の真偽を確かめるといったユーザーの情報リテラシーが改めて問われる事態となった．

　字数を確保するために URL の文字数を短縮させるサービスを用いることがあるが，最近ではこの "短縮 URL" を使って違法サイトなどに誘導する手口が報告されており，注意が必要である．

　このように，Twitter は "友達や家族とつながる" ネットワーキング重視のサービスから，情報ソースとしての「ソーシャルメディア」へと移行しつつあるといえる．一例として，企業のマーケティングやプロモーション利用（米デル社はアウトレット製品のバーゲン情報配信のほかユーザーからの相談や問いかけにも対応）や，既存マスメディアの配信記事との連携などがある．

　その他の特徴としては，API（Application Program Interface）を公開しているため，世界中の開発者による専用クライアントやアプリケーション開発を可能にしていることがあげられる．一例として，Twitter の分析ツール，Facebook との連携（ツイートを Facebook に自動反映），Ustream などの動画共有・配信サイトとの連携（Web カメラやスマートフォンから生放送し，その URL を Twitter で共有），企業用 Twitter クライアント（複数人での管理や予約投稿が可能），GPS 機能を活用した位置情報 SNS などがある．

　膨大なツイートの中から検索ワードにヒットする最新を検索できるリアルタイム検索機能を追加している．

③現状・取り組み

　Twitter のサービスは 2006 年 7 月から米国で開始された．日本では，2008 年 1 月にデジタルガレージグループが Twitter に出資して日本展開の支援を発表し，2008 年 4 月にはユーザインターフェースを日本語化した日本語版が利用可能になった．2009 年 10 月には携帯電話向けサイトを開設した．

　Twitter は，もともと文章のみの携帯電話の Text で利用できるように設計されたものである．日本では i モード以来，インターネットの普及に携帯電話が大きな役割を果たしていたことから，携帯電話で利用しやすい Twitter は，当初はパソコンでの利用を想定していた Facebook 以上に，また匿名性ということもあり，日本人にとって親しみやすかったといわれている．

　モバイル端末でよく利用される Twitter は，今後はユーザー数や利用方法
などを多様にしていく予定である．例えば，これまで文字だけで表示していた
ツイートに返信を表示し，リンク先の写真やウェブページのサムネイル画像を
表示する Twitter Card を導入するなど，1 ツイートそのものが情報単位とし
て流通させる環境を整備している．

　近年は，スタンプを多用するメッセージアプリや，写真を多用する SNS の
成長に押されて，月間利用者数の伸びが鈍化していた．しかし，手軽さと匿名
性が見直されて，利用者が再び増えている．

　日本では，高校生から大学生など若者に根強く使われている．一方，法人だ
けでなく個人で仕事として使っている 30 代以上の社会人も一定数いる．Ins-
tagram は写真撮影や加工のスキルが必要になるが，Twitter は短い文章なの
で，利用しやすいと再認識されたようである．

9.3.2. 無料通話・チャットアプリ

　無料通話・チャットアプリとは，同じアプリをダウンロードした者同士が，
無料の通話やチャットを利用できるサービスである．スマートフォンで使われ
る場合が多いが，タブレット端末などでも使われることもある．国内外を問わ
ず利用可能で，画像・動画の送信，テレビ電話などができるものもある．また，
通話やチャット以外にも，SNS やマイクロブログにある自分の近況等を伝え
る統合画面 (タイムラインと呼ばれる) やゲームなどの機能をもつものもある．
このように，最近では SNS 的な機能をもつものが増えて，SNS のひとつに分
類されることもある．

　通常の SNS などでは，自分のメールアドレスや名前などを登録しなければ
ならないが，無料通話・チャットアプリの場合は基本的に携帯電話番号だけで
済むので，非常に手軽なため利用者が急増している．代表例として，LINE,
WhatsApp 等がある．ここでは日本で最も普及している LINE をとりあげる．

(1) LINE の概要

　LINE (ライン) とは，無料通話・メッセージアプリの機能を備えるほか，コ
ンテンツの提供も行うスマートフォンでの利用を主眼としたサービスである．

2011 年 6 月から，韓国の大手 IT 企業 NHN 社の日本法人が提供していた．その後，2013 年 4 月 1 日に NHN Japan 株式会社が会社分割して LINE 株式会社という新会社を発足させ，LINE のサービスを運営している．なお，LINE は Z ホールディングス (ZHD) と経営統合の予定である．

(2) 現状・取り組み

　LINE の登録者数 (LINE のサービスに利用登録した人数) は 2014 年 4 月 1 日に 4 億人を突破したが，2011 年 6 月にサービスを開始してから 2 年 9 ヵ月での 4 億人到達は，SNS の世界大手の Facebook を上回るペースだった．

　短期間で多くのユーザーを獲得できた理由として，スマートフォンに特化したことが大きな要因としてあげられる．また，最初に登録する際，他社の同種のサービスだとユーザー ID を取得することから始めるが，LINE は電話番号をベースにすぐに登録でき，電話帳との連携もスムーズである．コミュニケーションに特化して簡素化したことも理由としてあげられる．

　LINE は「トーク」と無料通話がサービスの基本となっているが，いずれのサービスも無料である．収益源のひとつが LINE 専用のスタンプ販売である．表現豊かにチャットをしたい利用者にとってのニーズは高く，売上げは好調である．また，LINE ゲームの中で課金制度を設けているものもあり，今後はゲームやアプリによる収入源の強化が必要だといわれている．

　LINE の当初からある機能「トーク」や通話機能に加えて，Channel によるプラットフォーム化がはかられている．また，2012 年 8 月からは「ホーム」「タイムライン」といった LINE の友達同士で情報を共有するための新機能が追加されるなど，LINE のあり方自体が変化してきている．また，「ホーム」では自身のホーム画面を示し，カバー写真を変更し，テキストや写真，位置情報などを用いて自分の近況を伝える Facebook のような機能を提供している．

　「タイムライン」では，友人のホームに記述された内容を閲覧したり，コメントしたりできる．こちらはイメージとしては Twitter に近いが，LINE らしくテキストだけでなく，スタンプでコメントできるようになっている．「友だち」ごとに設定可能なため，限られた仲間との私的なやり取りも可能である．これらの機能は SNS の要素が強く，従来の LINE の用途にこのような機能を加え

ることで，さまざまな SNS の中で生き残れるよう備えている．

　2013 年末からはスマートフォン向けショッピングサイト，2014 年 3 月からは会員以外とも通話可能な電話サービスを開始するなど，サービスの多角化も進めている．企業とのタイアップも急増している．一方，未成年が犯罪に巻き込まれる事件もあるため，他の利用者が 18 歳未満の利用者を検索しても表示されないようにするなどの対策も進めている．

　LINE は日本であらゆる年代に広く使われて，月間利用者数は約 8,700 万人だが，世界全体で見るとタイや台湾など特定国でしか使われていないという課題も残っている．

9.3.3.　動画共有・配信

　動画共有・配信とは，個人が撮影した動画を投稿・共有し，インターネット端末とウェブカメラを使って手軽に映像のライブ配信（生中継）を行うことのできるサービスのことである．月間利用者数は 20 億人以上で，増え続けている（2021 年 1 月時点）．

　配信方式として，「オンデマンド配信」と「ストリーミング配信／ライブ配信」がある．「オンデマンド配信」は，サーバを経由して送られてきた動画データをユーザーがハードディスクにダウンロードして視聴する方式である．視聴者からのコメント機能や関連動画のレコメンド機能などがある．最近では，映画の予告やアーティストのプロモーションビデオ，テレビ番組の宣伝などプロモーションツールとしても利用されている．以前からある主なサービスとしては，オンデマンド配信の YouTube やニコニコ動画などがある．

　一方，「ストリーミング配信／ライブ配信」の特徴は，①ストリーミングサーバーを経由したライブ配信（生中継），② Twitter や Facebook との連携により視聴者同士の意見交換が可能であり，結果的に非視聴者への広報にも繋がることなどである．最近では，マスメディアが放送しないニュース映像を配信するなど，メディアとしての役割も担っている．サービスとしては，YouTube Live, Ustream，ニコニコ生放送，Facebook ライブ，インスタライブなどがある．これらを使った "ライブ放送機能を活用したライブマーケティング" が

急速に普及している.

　しかし，最近はほとんどの大手SNSが動画共有・配信機能を備えつつある．写真や動画など映像を中心としたSNS利用がこれからも拡大するであろう．

9.3.4.　集合知・共有サイト（情報共有サイト）

　複数の利用者がサーバ上におかれたひとつの文書をブラウザ経由で自由に編集できる仕組みはwiki（ウィキ）と呼ばれている．wikiを利用した代表的なサービスとして，誰でも執筆・編集できるオンライン・フリー百科事典の「Wikipedia」がある．2001年にジミー・ウェイルズ氏によって創立された非営利財団Wikimediaによって運営されている．Wikipediaは「集合知・共有サイト」の代表例だが，内容の信憑性については議論があり，政治的な用語については対立する人々が添削しあうため編集を凍結せざるをえない，といった問題も起きている．しかし，不特定多数の人たちが無償で協力し合い，場合によっては専門家が感心するようなコンテンツを作り上げ，これまで専門家と呼ばれる人が存在しないニッチな分野の情報をまとめているものもある．

　他にも，Web上にブックマークを保管し，タグ付けやコメントを付加して他のユーザーと共有できるソーシャル・ブックマークなども集合知と分類されることが多い．日本では「はてなブックマーク（はてブ）」が有名である．

　その他，集合知を活かしたWebサービスの有名な例には，価格.com（パソコン，電化製品等，http://kakaku.com/），cookpad（料理，http://cookpad.com/），食べログ（外食，http://tabelog.com/），4travel.jp（旅行，http://4travel.jp/），@cosme（化粧品，http://www.cosme.net/），みんなの就職活動日記（就活，http://www.nikki.ne.jp/）など多様な分野がある．また，集合知を集めるWebサービスとしてクラウドソーシングもある．2000年代後半から米国で普及し，2013年頃から日本にも広がっている．

　これまで，さまざまなソーシャルメディアのサービスを紹介してきた．その全体像を探るため，各サービスの中核事業を念頭に，X軸に「蓄積志向と即時志向」，Y軸に「映像重点とテキスト重点」を配して分類した（**図表38**）．

　ただし，これまで述べてきたように，各社のサービス・機能が多様化してお

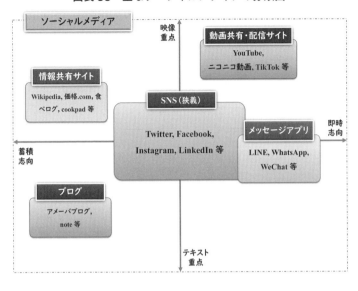

図表 38　主なソーシャルメディアの分類図

り，その過程で類似化もみられる．また，**図表 38** の中心に，本書で述べている SNS の概念に該当するものを「SNS（狭義）」で配置しているが，日本では一般的にどれもが SNS と思われているともいえる．あくまで，さまざまなソーシャルメディアの特徴を捉えるひとつの見方として理解していただきたい．

9.3.5.　ソーシャルメディア・ビジネスの展望

　日本におけるソーシャルメディア・ビジネスの中核的な存在は，SNS とマイクロブログ，そして動画共有関連のビジネスである．1990 年代は，日本独自の SNS サービスとして登場した mixi，SNS のひとつだがソーシャルゲーム事業が伸びて事業を拡大してきたディー・エヌ・エーや GREE などが話題のプレーヤーだった．ただ，スマートフォン対応に出遅れるなどして失速した．ニコニコ動画は，動画の画面上への書き込みを可能にして参加体験型を促進するなど，ユニークなサービスを展開して独自の立場を確立した．その後は，他のソーシャルメディアが動画サービスに力をいれたこともあり，伸び悩んでいる．

　2000 年代後半に米国から上陸した Twitter，Facebook，Instagram などは

すっかり定着した．東日本大震災をひとつの契機に 2012 年から始まった LINE のサービスは日本の SNS で大きな位置を占めている．

　SNS はどこも急拡大を続けてきた．そして苛烈な競争の中で，各社のサービスは，互いに "相手の強み" を真似していった結果，同じような機能をもち，独自性を減退させている面がある．また，登録ユーザーは増えていても，他の先進国と同様，使い方に慣れなかったり飽きてしまったり，もしくは SNS の利用自体に疲れてしまう **"SNS 疲れ"** の傾向もみられる．実際の利用頻度は横ばいか，むしろ減少しているサービスもある．

　大手 SNS の中で唯一，日本企業が中心に展開している LINE に注目したい．当初は Skype のような無料電話・メールサービスの簡易版として急速にひろまった．現在は，"スタンプ" と呼ばれるキャラクターのイラスト販売や，広告・マーケティング支援による企業の有料会員化，マンガ等などのデジタルコンテンツビジネス，電子マネーの LINE Pay，ビジネス仕様のサービスなどにも手を広げ，収益化を進めている．最近ではヤフーを参加にもつ Z ホールディングスと LINE が経営統合する動きもあり，グローバルなデジタル・プラットフォーマーと競っていく体制づくりを急いでいる．

　これまで紹介した以外にも，ソーシャルメディアには，それぞれユニークな特徴をもった Pinterest，Snapchat などがある．note というシンプルなサービスは，その柔軟性ゆえに利用者を増やしていたりもする．2020 年に米国で生まれた招待制音声チャット SNS の Clubhouse も話題になっている．

　日本ではそれほどあまり話題になっていないが，中国発の巨大 SNS の動向も注目したい．中国のテンセントのメッセンジャーアプリ WeChat は月間利用者数が約 20 億人，ByteDance のショート動画プラットフォーム TikTok は約 8 億人，新浪微博のミニブログ Weibo は約 5.3 億人と，中国に巨大な数のユーザーを抱えたうえで，国際展開も図っている．TikTok は日本で若者を中心にユーザーが増加している．

　Facebook が，月間利用者数 約 20 億人の WhatsApp や，約 10 億人の Instagram をグループ傘下に収めているのに象徴されるように，成長企業をグループ内に組み込む動きは今後も続くであろう．生き残りには，xR (VR，AR，

MR）など新たなデジタル技術の取り込みや，新サービス・コンテンツの開発などを絶え間なく続ける必要がある．

　ソーシャルメディア市場には，これからも新たなサービスが数多く誕生し，合従連衡を繰り返して，一握りが生き残っていくと考えられる．

《ミニ演習》

ソーシャルメディアの「課題」と「有効活用に必要なポイント」について，「個人」と「企業」の視点で具体的に記述してみよう．
「個人」は単なるユーザーという立場に加えて，そこでの発信者という立場もある．「企業」は，ソーシャルメディアを自社ビジネスに利用したり，SNS のサービスを提供する，といったさまざまな立場が考えられるので，その点を整理してみよう．

9.4. 企業のソーシャルメディア活用実態

　近年，ソーシャルメディアをマーケティングや社内のコミュニケーションツールとして活用するなど，ソーシャルメディアの利用は企業の間に着実に広がっている．1990 年代後半から 2000 年代における企業の対外的なインターネットの活用は，自社の公告・宣伝等を目的としたウェブサイトの開設だった．それが，ソーシャルメディアの普及により，Facebook や Twitter などソーシャルメディアの活用が活発化している．マーケティング，プロモーション，キャンペーン，採用活動等で活用している．例えば，ソーシャルメディアのアカウントやページを作ってクーポンやキャンペーン情報を提供するなど，ウェブサイトとは別のルートでの情報発信の場として，興味関心のある人にフォローしてもらう．その内容に関心のある人同士がソーシャルメディアでつながっている場合が多いので，マーケティングやプロモーション効果が期待できる．

　また，顧客と双方向のやりとりをすることで顧客の考えなどの情報を得て，集めた情報を商品開発やサービス向上に役立てることも考えられる．自社のことをウェブサイトとは異なるアプローチで知ってもらい，採用活動に役立てる企業も増えている．さらに，社内の情報共有や意見交換を促進する場として利

用される例も出てきている.

　総務省の「平成30年通信利用動向調査」によると,企業向けアンケート(企業調査)の結果では,インターネット利用企業のうち,ソーシャルメディアを一部でも活用している企業は2013年の15.8%から2018年には36%に上昇している.ソーシャルメディアの利用はほぼすべての規模の企業で増加しているが,企業規模が大きいほど利用率が高い傾向がみられる.産業別では,不動産業,金融・保険業,情報通信業,卸売・小売業における利用率が高く,過去1年間で10ポイント以上伸びているものもある.ただし,企業調査での活用目的をみると,商品の宣伝,定期的な情報提供,会社案内などが大半でWebサイトとあまり変わらない使い方にとどまっている.本来であればソーシャルメディアの特性を活かして,マーケティングや消費者の意見の収集に積極的に活用したいところである.

　このように,ソーシャルメディアの特性を理解して有効活用できている企業が多いとはいいがたい.Webサイトとは異なるソーシャルメディアの特長を活かしたかたちで顧客との安定した接点を築けるように,ソーシャルメディアの利活用能力を高めていくことが必須である.

9.5.　課題と展望

　ソーシャルメディアは,一般の生活者・消費者のコミュニケーションや消費行動での利用に確実に浸透している.スマートフォンやタブレット端末の普及は,インターネットの世界で情報を単に集めるだけでなく,自分から発信して,友人知人だけでなく,似たような関心をもつこれまで会ったこともない人との「つながり」を創るなど,我々の情報化社会での生き方を大きく変えている.

　ただし,ソーシャルメディアが急速に普及する一方で,さまざまなトラブルや犯罪も起きており,ソーシャルメディアに関する国民の情報リテラシーを高める必要性はますます高まっている.

　利用者の視点で求めるSNSのタイプは,これまで**図表39**のようなサイクルを描いてきたと考えられる.

図表39 「SNSの方向性」のサイクル

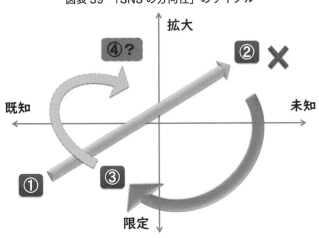

　mixi のような初期の SNS は“知っている人（既知）”と“仲間うち（限定志向）”で始まった〔①〕. それが, 世界的な巨大 SNS 誕生ブームの流れの中で, “知らなかった人（未知）”のつながりを急増させる（直線的な拡大）を志向した〔②〕. しかし, さまざまなトラブルにあったり, 交流に疲れたり不安を覚えたりした〔×印の意味〕.

　そして, “知っている人の方が安心（既知）”にもどり, 交流する相手とも限定したり（限定機能をつけたり）して活用するようになった〔③〕. 今後は, “既知で拡大層”を狙うのか, どのようになるかはまだ不透明だといえる〔④〕.

　これは人々が SNS に何を求めるのかの流れを検討して簡潔にまとめてみたものである. 大規模ではないが生き残っている SNS の中には, 4 つの象限のいずれかの中で独自の地位を確立したものもある. 例えば, 家族と祖父母だけがメンバーになれるもの, 恋人同士だけがグループなれるものなど, さまざまである. ひとつの思考実験として参照されたい.

> **《ミニ演習》**
>
> あなたは今後の SNS はどのような方向にいくと考えますか.「SNS の方向性」のサイクルの考えを基に,既存のさまざまな SNS を分析したうえで,どのような顧客ニーズにあわせて,どのような SNS が生き残るのか,その条件は何かについて検討してみよう.

　企業では,ソーシャルメディアの利用により,顧客のニーズや意見の収集とコミュニケーションおよび顧客の囲い込みなどに取り組んでいる.顧客との新しい関係構築や,顧客が新たな潜在的顧客とつながるネットワークを生み出すなど,一方向的なウェブサイトだけの時代と異なり,ソーシャルメディアの利用でこれまでとは一変して双方向的な関係強化が進んでいる.また,企業の社内コミュニケーションの活性化などにも利用されている.

　ただし,ソーシャルメディアの利用は,ビジネス的に期待していたほど効果が上がっていないという意見も少なくない.また,抱えている膨大なユーザーの個人情報をどのように適切に扱うかという問題に留意する必要がある.

　最近では,SNS マーケティングという言葉がきかれるように,マーケティングを中心とした企業活動におけるソーシャルメディアの有効活用が,デジタル変革の時代を生き残るのに必須といえよう.

《発展学習のポイント》

1. ビジネスでソーシャルメディアが活用されている事例を探してみよう.それはどのようなメリットとデメリットがあるだろうか.

2. あなたが関心をもつビジネスにおけるソーシャルメディアの活用方法として,創造的・発展的なやり方は何であろうか.そのためにはどのような工夫や留意点があるだろうか.

3. ソーシャルメディアの世界で,今後,どのような新サービスが生まれるだろうか.また,その理由は何であろうか.

ビッグデータ, IoT

1965 年，インテル創業者のゴードン・ムーアは論文のなかで「ムーアの法則」を唱えた．ムーアの法則とは「集積回路上のトランジスタ数が 18 カ月ごとに倍になる」というものである．

この潮流は現在も続いており，むしろ加速化している．スマートフォンやタブレット端末の浸透，ソーシャルメディアの拡大，クラウドコンピューティングや IoT の定着などで，多種多様で膨大なデータがビッグデータと呼ばれて収集・蓄積され，AI を活用して分析され，ビジネスの改善・革新などさまざまな形で活用が進んでいる．

本章では，ビッグデータの構成要素や収集・蓄積・活用の流れと，これに密接に絡む IoT について取り上げる．

10.1. ビッグデータ

10.1.1. ビッグデータの構成要素

情報化社会が進む中で，生成されるデータ量は加速度的に増え続けている．モバイルデバイス，クラウド，ソーシャルメディアの普及や拡大に加え，オンラインショッピングなどの入力情報や閲覧情報，ネット上に投稿される画像・動画，自動車，自動販売機，POS レジなどの機器からの情報，さらに各種センサーなど IoT 端末から収集・発信される情報など，私たちの生活の中のあらゆるところで情報が生成される．また，5G など移動体通信の高速・大容量化がこれを後押ししている．これらの多様で大量のデータは，AI により分析して活用されることが可能になっている．

ビッグデータについての一般に確立した定義はないが，総務省の『平成 29 年版　情報通信白書』では，ビッグデータとは，デジタル化のさらなる進展やネットワークの高度化，また，スマートフォンやセンサー等 IoT 関連機器の

小型化・低コスト化による IoT の進展により，スマートフォン等を通じた位置情報や行動履歴，インターネットやテレビでの視聴・消費行動等に関する情報，また小型化したセンサー等から得られる膨大なデータ，とされている．

　センサー，モバイル端末，クラウドコンピューティング等の IT の進展により，ビッグデータの生成・収集・蓄積等が容易になってきた．そして，AI の高度化・実用化により，ビジネスの改善・革新や，防災など社会課題の解決にも役立つようになっている．

　ビッグデータを活用することで，異変の察知や近未来の予測等を通じ，利用者個々のニーズに即したサービスの提供，業務運営の効率化や新産業の創出等が可能になっている．

10.1.2.　構造化データと非構造化データ

　ビッグデータとは，構成するデータは多様であるが，大別すると「構造化データ」と「非構造化データ」からなる．

　「構造化データ」は，従来から企業が活用している顧客データや売上データなど，文字通りデータベースに構造化して格納され活用されていたデータのことである．これに対して，ビッグデータと呼ばれ注目されているのは，従来のデータベースでは構造化の対象となっていなかった「非構造化データ」である．多種・多様・大量に発生しているこのようなデータを，IT の進化で分析・活用することが可能になっている．

　非構造化データには，第 1 に，電話・ラジオ等の音声データ，テレビ放送等の映像データ，新聞・雑誌等の活字データなどがある．第 2 に，ブログや SNS 等のソーシャルメディア上の文字データ，インターネットの映像配信サービス上の映像データ，電子書籍の活字データ，GPS のデータ，IC カードや RFID 等の各種センサーのデータなどがある．

　以上がビッグデータの狭義の概念だとすると，より広い観点からビッグデータを捉える広義の概念という考え方がある．統計解析や機械学習などのデータ処理・蓄積・分析技術から，データサイエンティストなど人材・組織に関係するものを含むと捉えることである．ただし，一般的にビッグデータという場合

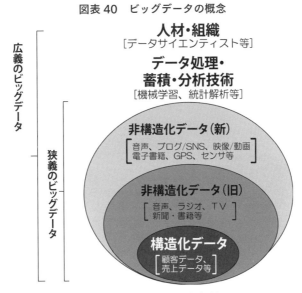

図表 40　ビッグデータの概念

出所：総務省 (2013)『平成 25 年版　情報通信白書』p.144

は，狭義の概念で捉えられている場合が多い.

　ビッグデータの 8 割は非構造化データだといわれており，経済社会のデジタル化に伴い飛躍的に増加している. IoT の進展も相まって，これからもデジタル時代にはこれ以外にも多種多様なデータがビッグデータとして扱われるであろう.

10.1.3.　ビッグデータの特徴

　ビッグデータを特徴づけるものとして，巨大な「Volume (量)」，これまでにない「Variety (多様性)」，情報が生成される「Velocity (速度)」，データを整理・分析するための「Veracity (正確さ)」という「4 つの V」という概念がある. これらの目的は，「Value (価値)」を創出することである.

　それぞれの内容は，次の通りである.

・「Volume (量)」：ビッグデータの特長はその容量の巨大さである. またデータが増大することによる計算量も非常に膨大となる.

・「Variety (多様性)」：ビッグデータは構造化データだけでなく，テキスト，

図表 41　ビッグデータの特徴と 4V

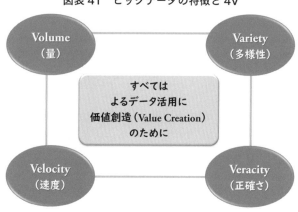

音声，ビデオ等のさまざまな種類の非構造化データとしても存在し，これら
のデータをビジネスに活用する動きが世界中で広がってきている．

・「Velocity（速度）」：IC タグやセンサーから非常に高い頻度でデータが生成さ
れており，早いスピードで非構造化データが形成される．

・「Veracity（正確さ）」：ビッグデータは非構造化データ等，そのままでは活用
することができない情報も含む．しかし，適切な処理・分析により，データ
の矛盾，曖昧さによる不確実性，近似値を積み重ねた不正確さなどを排除し
て，本当に信頼できるデータの抽出が可能となる．

これら 4V の特徴を活かしたビッグデータの分析・活用により，これまでは
不可能だと思われていた発見など新たな価値創造が可能となるのである．

10.2.　ビッグデータを収集・蓄積・活用するプロセス

ではどのように価値創造が実現できるのであろうか．それには，IoT や AI（い
ずれも後述）など，デジタル時代の新たなキーテクノロジーと大きく関わって
いる．これらの関連性をまとめると次のようになる．

(1) データの収集→蓄積

スマートフォンやタブレット端末の浸透，ソーシャルメディアの拡大，IoT
端末の普及などで，製造現場から日常のビジネスや生活の現場まで，さまざま

図表 42　データを軸とした「IoT →ビッグデータ→ AI」サイクル

出所：経済産業省(2015)「中間取りまとめ　～ CPS によるデータ駆動型社会の到来を見据えた変革～」
より作成

な場で多種多様で膨大なデータが生成され，蓄積される．膨大なデータを蓄積
し続ける役割は，クラウドコンピューティングが担っている．

(2) データの蓄積→解析

　蓄積されたデータは，AI や超高速コンピューター等の新技術を利用するこ
とで，スピーディーに新たな知見を提供する．近い未来に起こりうる生産現場
でのトラブルや，災害などの予測にも役立つ．特に AI の高度化・実用化によ
り，従来の分析手法では思いもよらない発見が得られることもある．

(3) データの解析→活用

　得られた知見・発見は，製造現場であれば自律制御で改善対応をもたらし，
新たなビジネスにつながるきっかけになる可能性もある．

　「両利きの経営」でいえば，現場を改善する実践的なデータや指標を把握し
てビジネスプロセスの効率化を図るといった既存ビジネスの改善など「知の深
化」を深め，利用者の潜在的なニーズを発掘して新たなビジネスモデルを生み
出す「知の探索」にも大いに役立つ可能性を秘めている．

10.3.　ビッグデータビジネスの分類

　ビッグデータは，IT 分野での新たな成長産業としても期待されている．

　ビッグデータ市場に多くの企業が参入している．パソコンやモバイルのメーカー，データセンター，ソフトウェア，サーバー，ストレージ，SNS やネットサービス，センサーや自動車メーカー，小売店などあらゆる企業がビッグデータに意義を見いだしている．ここでは，ビッグデータを活用したビジネスモデルについて，3 つに分類して紹介する．

(1) 自社運用型

　自社運用型とは，情報収集から分析，活用まで一貫して自社で行う形態のことである．例えば，利用者が何を閲覧したか，何を購入したか，という情報を収集し，それに基づいてその利用者に合った広告を出すなどである．

　Amazon はユーザーに関するデータをレコメンデーション (推奨すること) として活用しており，自社内でビッグデータを活用する代表的な事例である．また，Google は自社検索エンジンを始めとする多様なサービスを介して集めた情報を，アドテクノロジーと呼ばれる広告技術に反映させて収益を伸ばしている．

　小売業界でも独自のビッグデータ運用システムを構築する企業が見られる．特にセブンイレブン，ローソンなどのコンビニエンスストアは，在庫管理に売上情報を活用する POS システムを発展させる形で，ビッグデータを店舗の商品構成に活用している．

(2) プラットフォーム型

　プラットフォーム型とは，ビッグデータの情報が集まるプラットフォームを運営する形態のことである．プラットフォームの例としては，SNS，検索サイト，携帯電話サービス，IC カードサービスなどが挙げられる．

　Twitter や Facebook 等の SNS 運営会社は，各ユーザーの生の声を発する場に集まった情報を入手・分析・活用している．例えば，Twitter の場合は，集まったデータの解析は行わず，ユーザーのつぶやきデータの卸販売のみを行う形態をとっている．データは，データ販売代理店に卸販売され，代理店はデータ分析会社にデータを販売する．そして，データ分析会社は，つぶやきデータをマーケティングの情報源と考えるメーカーや流通企業から委託を受けて，分

析結果を提供する.

　ただし，企業にとってプラットフォームで収集したデータの販売には注意が必要である．例えば，JR 東日本は，2013 年 6 月に，駅の利用客についての膨大な Suica の履歴情報を，日立を通じて解析して駅利用状況分析リポートとして販売すると発表したが，利用客から「事前に承認をとっていない」などと反発を受け，結局，サービスの提供を見合わせることになった.

　このように，プラットフォーム型のサービスを提供する企業が，プラットフォーム上でのビッグデータは個人が特定できないから販売に利用して大丈夫だと考えたとしても，利用者に十分理解してもらわないと思わぬトラブルが起きる可能性がある.

(3) ソリューション提供型

　ソリューション提供型とは，ビッグデータに関するシステム構築やアプリケーション開発・情報統合・分析アプリケーションの提供など，ビッグデータを分析・活用するソリューションを提供する形態のことである．高い技術力が求められるため，大手ソフトウェアベンダーがこの形態を取ることが多い.

10.4.　IoT

10.4.1.　IoT の基本概念

　ビッグデータと並んでよく耳にするキーワードとして，IoT (Internet of Things) がある．新聞などでは「モノのインターネット」と表記されることが多いが，それでは IoT の一面しか表していない．「モノとコトのインターネット (化)」と呼ぶべきである.

　工場の設備，我々が買い物する場所，災害対策のための河川の流域など，さまざまなモノや場所に通信機能をもつ端末を設置することで，自動認識や自動制御，遠隔計測などを行う．収集した情報はクラウドコンピューティングに蓄積されて，ビッグデータとして AI で分析される．そうすることで，リアルタイムで起きている「コト」を迅速・的確に把握することを可能になる点が極めて重要である．そのため，IoT の基本概念を次のように整理する.

世の中のさまざまな"モノ"に通信機能をもたせて，インターネットに接続したり相互に通信したりすることで自動認識や自動制御，遠隔計測などを行うことができる．それはクラウドコンピューティングに送られ，ビッグデータや AI を活用して，世の中で起きている"コト"を把握すること

　IoT の概念と，それに使用する「IoT デバイス（端末）」のことが混在して議論されることがあるので注意を要する．「IoT デバイス（端末）」とは，固有のIP アドレスをもちインターネットに接続が可能な機器およびセンサーネットワークの末端として使われる端末等のことである．ただ，必ずしもインターネットを使わずに通信する場合もある．

10.4.2.　IoT の発展の背景

　IoT が日本で話題になりだしたのは，2010 年代半ばである．ただし，IoTで行われる機器と機器の通信は，M2M（Machine to Machine）と呼ばれ，2000年頃から行われていたが，本格的な普及には至らなかった．それが，近年のセンサー等の機器の小型化・軽量化・低消費電力化など高性能化に加えて低価格化が追い風になって普及が加速している．

　IoT の進展により，コンピューターや通信装置などの情報機器以外の機械に，センサーや処理装置，通信装置などを組み込んで，データ収集や遠隔監視・制御などを行う．このように，M2M が進んで人の手を介さずに機械と機械の間でデータのやり取りができれば，さらに膨大な情報が蓄積できるようになる．

　その蓄積したデータを活用するためのビッグデータや AI の高度化と実用化が相まって，生産性の向上，生活の利便性向上，防災対策などの社会的課題への対応策となることが期待されて，普及が進んでいる．2020 年代には約 450億台の IoT 機器がインターネットに接続されると推計されている．

　さらに，デジタル変革（DX）への期待が強まるなか，必要なビッグデータを集めるため，ますます IoT の普及が必要になっているのである．

10.5. IoT の適用分野

　IoT を適用できる分野は極めて広い．現在は，スマートフォンや通信機器などの「通信」が大きいがすでに飽和状態に近づきつつあり，今後は相対的に低成長が見込まれている．一方，「産業用途」「コンシューマ」「自動車関連」は成長が期待されている．さらに，コロナ禍により「医療」がますます注目されていくであろう．

　今後の活用目的の可能性を整理するため，X 軸に「リアルタイム性」，Y 軸に「接続数」を設定して整理する（**図表 43**）．ここで注目したいのは，X 軸の「リアルタイム性」，つまり「遅延の許容度」である．これによって，「固定系 IoT」か「移動系 IoT」かが変わってくる．

　「スマートシティ・スマートハウス」「スマート農業」など，あまり移動と関係はないが接続するセンサー数が多い分野は「固定系 IoT」に分類される．一方，遅延が許されない（遅延許容度が低い）「自動走行」は，より高速な通信を必要とする「移動系 IoT」に分類される．

　図表で例示されている分野以外にも，これから多くの分野で実用化が広がっていくであろう．そして，今後，民間・公共分野を問わず，ビッグデータやIoT による新たな産業の拡大が見込まれる．

図表 43　これからの IoT 活用分野

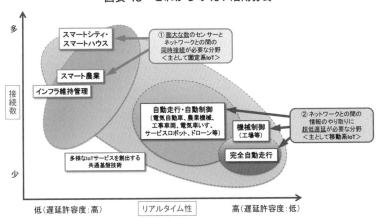

出所：総務省（2016）「スマート IoT 推進戦略」p.3 を改変

10.6.　課題と展望

　ビッグデータの爆発的な増大のなか，IoT の普及により，ビッグデータの分析と活用が現実になっている．企業にとってはビッグデータに基づいて，新たな，またはこれまで見過ごされていた顧客ニーズを発掘することにより，新商品の開発や，顧客サービスの改善などが期待できる．これに伴い，IoT 関連ビジネスも活発化している．

　企業経営においてビッグデータが重要となる中で，自社が収集・保有するビッグデータの公開・非公開の判断も重要な経営判断のひとつになる．自社内でビッグデータの運用システムを確立するのか，他社と顧客情報を共有することでシナジー効果を狙うのか，といった経営判断の重要性が増しているためだ．

　一方，ビッグデータの活用には課題もある．ビッグデータは膨大かつ多様で不確実な情報の集まりであり，分析のための高度なスキルが必要とされる．しかし，現場ではデータサイエンティストが不足している．また，分析情報の精度が低く分析スキルが十分でないと，分析結果は不正確なものとなってしまう恐れもある．そのため，ビッグデータを効果的に活用できる体制整備が企業の競争力の確立のポイントになる．

　膨大な量のデータがあらゆるところから収集・活用されているが，それはプライバシー保護の問題とも関係する．ビッグデータの中にはライフログ[14] と呼ばれる個人の生活に関する情報など，プライバシーにかかわるものが多く存在しており，それらはユーザーが気づかないうちに企業に利用される場合が多い．さまざまなデータを組み合わせることで各消費者にあった商品情報の提供ができる一方で，本人が希望しないのにもかかわらず消費や移動といった生活行動が企業に把握されてしまっているという懸念もある．ビッグデータの活用には，個人情報の取り扱いをどうするかについて常に留意すべきである．

　企業だけでなく，ユーザー自身も注意しながら IT を利用する必要がある．インターネットのサービスを利用する場合に，利用規約をよく読み，自分がそ

14　蓄積された個人の生活の履歴のことで，購買・貸出履歴，視聴履歴，位置情報
　　等々が含まれる．

のサービスを利用する際に発生するデータがどのように収集・利用されるのかをよく理解し納得したうえで，利用するかどうかを決めるといった情報リテラシーが重要になる．

　IoTはビッグデータを成立させる重要な役割を担っている．また，新たなIT産業としてもこれからも成長が期待される．ただし，我々の日常生活の場や製造現場やオフィスなど企業においてIoTの利用が進めば進むほど，セキュリティ面での対策が重要になってくる．

　企業も個人も，ビッグデータの収集・蓄積・活用が現実的になった現代社会において，そのメリットとデメリットをよく理解したうえで，効果的に活用する方法と体制を整えていくことが重要である．

《発展学習のポイント》

1. ビッグデータやIoT分野における日本と海外の研究動向やビジネス利用のトレンドを調べてみよう．それは，あなたが関心をもつビジネスにどのような影響があるだろうか．

2. ビッグデータやIoTが活用されている事例を探してみよう．そして，それはどのようなメリットとデメリットがあるだろうか．

3. あなたが関心をもつビジネスにおいて，ビッグデータやIoTの活用方法で創造的・発展的なやり方はないだろうか．そのためにはどのような工夫や留意点があるだろうか．

AI（人工知能），ロボット

　デジタル時代を推し進めていくうえで最もよく話題にのぼるのが，AI（Artificial Intelligence：人工知能）であり，ロボットであろう．ところが，マスコミの報道をみると，AI とロボットが同義語的に用いられたり，我々のほとんどの仕事が AI とロボットに奪われてしまうなど，理解が曖昧であったり，極端な捉え方がされてしまったりしている懸念がある．

　本章では，AI とロボットの捉え方や関係を整理し，我々のビジネスや生活との関係と今後の可能性について取り上げる．

11.1. AI（人工知能）

　AI の概念は時代によって大きく変化・発展している．最初に歴史を概観し，その後で現在の AI の捉え方について整理する．

11.1.1. AI の発展の歴史と概念

　AI の歴史は意外に古く，1960 年代にさかのぼる．その歴史は過剰な期待と幻滅が繰り返す歴史でもある．

　第 1 次ブームは，大型コンピューターが発展する 1960 年代に訪れた．当時，コンピューターの処理レベルが大きく進む中で，それを使ってさまざまな問題に対処できると考えられた．手始めに，迷路やパズルを解き，人とチェスを指すなどが試みられた．

　取り組んでみた結果，厳格に手順・ルールや目標が明確に決まっている極めて単純なゲームや迷路などの制約された範囲なら，ある程度の効果は確認できた．しかし，ゲームでも囲碁のように多様性が高いタイプのものでは全く対応できなかった．

　現実世界の問題はそれほど単純なものはなく，また，過剰な期待から始まっ

た割に結果が乏しく，コストも膨大だったことから急速に下火になった．

　第2次ブームはパーソナルコンピューター（現在でいうパソコン）が登場した1980年代に到来した．第1次ブームの反省とコンピューターの能力の進歩やコストダウンを受け，現実世界の問題を解決するためには，人間の専門家（エキスパート）の知識をコンピューターに教え込めばよいと考えた．例えば，医者の知識を基に，患者の症状から病名を特定するなどが試みられた．ところが，コンピューターに教え込むべき知識が膨大で収集が大変であったり不完全であったりするだけでなく，それらが矛盾する場合も多々見られた．そのため，少しでも例外的な事象には対応できず，現実的にあまり使い物にはならなかった．ここでも研究のコストと効果のアンバランスが指摘され，再び"AI冬の時代"に入った．

　第1次と第2次ブームが，「人間の経験や観察による一般的かつ普遍的な事実から結論を導く演繹法的アプローチ」だった．

　2010年代から始まった第3次ブームは，「事実や事例（データ）から導き出される傾向から結論を導く帰納法的アプローチ」がとられるようになった．とい

図表44　AIの歴史

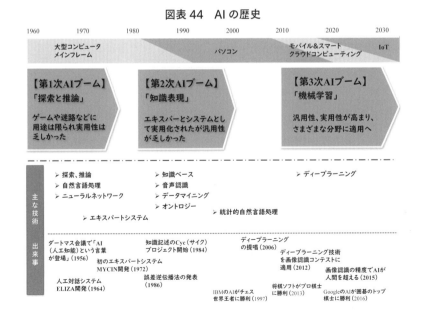

うのも，これまでにみてきたように，ITの飛躍的な深化と普及により膨大なビッグデータが現出し，コンピューターの技術の飛躍的な進歩により，ビッグデータを分析できるようになったことが大きな要因となった．

　帰納法的アプローチは，人間が情報を集めて整理して教え込むのではなく，一定のルールを決めたうえで，膨大なデータをコンピューターに分析・整理させパターンや法則性を導き出すことで，実用に活かせるようにするものである．例えば有名な例は，コンピューターにネコに関する膨大な画像データを分析させて，ネコの特徴のパターンを認識させることで，そのパターンに合致したものをネコとして判断させるものだ．このコンピューターは，ネコという生き物のことは理解していなくても，「ネコには尖った耳が2つある，尻尾を持つなどの特徴を備えた画像はネコの画像」と帰納法的に結果を導き出すのである．

　このようなレベルに至り，画像処理や音声処理など，ある特定の目的であれば人間より遙かに早く正確にものごとを判断できる分野が生まれてきたのである．わかりやすい例は，1997年にチェスの世界で米IBMが開発した「ディープ・ブルー（Deep Blue）」が世界チャンピオンに勝利したことだ．2013年にはコンピューターが将棋のプロ棋士に勝利した．チェスや将棋に比べて盤面がより広くて対局のパターン数が桁違いに多い囲碁の世界ではコンピューターが勝つのはしばらく先だと思われていたが，2016年に世界トップレベルの棋士に勝利したというニュースが驚きをもって迎えられた．

　第3次ブームにようやく実用レベルに至ったことから，"2045年問題"がささやかれるようになった．「2045年には，人工知能の性能が人類の知能を超えるシンギュラリティ（Singularity：技術的特異点）となる」との主張が，いわゆる"2045年問題"だ．世界的にも話題になった，米国のターミネーターの映画はこれを題材にしている．

　しかし，現時点では，AIは特定テーマで人間が決めた基準の中で処理をしているので，「人間の知能を超える」とまではいえないのが現状である．ただし，AI研究は長足の進歩を続けており，人間の想像できなかった物事の相互関係を明らかにできる領域も生まれている．予想外の発見・進歩が皆無とはいえないだろう．

11.1.2. AI の概念整理

（1）AI，機械学習，深層学習の関係

　AI という言葉が初めて世に知られたのは 1956 年の国際学会である．AI は
「人間の思考プロセスと同じような形で動作するプログラム，あるいは人間が
知的と感じる情報処理・技術」といった広い概念で捉えられる．実際は専門家
によって異なり，共通の定義が存在しているとはいえない．

　第 3 次ブーム以降の AI を形作る重要な概念はある．それが，機械学習（Machine
Learning）であり，とりわけその一部である深層学習（Deep Learning）である．

　機械学習とは，人間の学習に相当する仕組みをコンピューター等で実現する
ものである．具体的には，一定の計算方法（アルゴリズム）に基づき，入力され
たデータからコンピューターがパターンやルールを発見し，そのパターンやルー
ルを新たなデータに当てはめることで，その新たなデータに関する識別や予測
等を可能とする手法といえる．

　近年の AI ブームを牽引しているのが，機械学習の一部の「深層学習」であ

図表 45　AI・機械学習・深層学習の関係

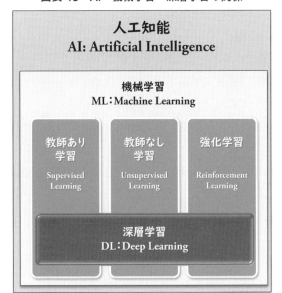

出所：総務省（2019）『情報通信白書 令和元年版』p.83 等を基に筆者作成

る．深層学習とは「多数の層から成るニューラルネットワークを用いて行う機械学習」のことである．ニューラルネットワークとは，人間の神経細胞（ニューロン）のように，各ノードが層を形成し，それが相互に接続（ネットワーク化）されていることを指している．

　この考え方により，コンピューターがパターンやルールを発見するうえで何に着目するかを自ら抽出することが可能となった．これまでは人間（AIに何をやらせようという人）の思考範囲・判断レベルによってAIができることは限られていたが，何に着目するかをあらかじめ厳密に人間が設定していなくても，AIが発展的に分析を進めていくことが大きな分岐点となり，現実世界での問題の抽出や分析に役立つなど，一気に実用化・商用化が始まったのである．

　ただし，深層学習を進めていくうえで，AIがどのような根拠で判断を行ったかを人間が理解することが難しい場合もある．例えば，囲碁の世界チャンピオンとの戦いで，なぜAIがその手を打ったのか，しばらく人間は理解できなかったという．

　こういった人間の思考の及ばない領域ができたように見えたことが，期待と不安を生み出しているともいえる．

(2) 特化型 vs. 汎用型

　AIで実現する「目的と対象範囲」を基準に，次のように分類できる．

①特化型 AI

　特定領域において利用できるAIのことである．例えば，チェス，将棋，囲碁などの一定のルールがあるゲームの世界や，新産業として注目されている自動運転もこれに当たる．

　自動車の運転には一定のルールがあるが，世界の道路は状態によって多様である．そこを，自動的に運転できるようになるのは画期的といえる．医療分野でも，過去の症例から病状を診断する参考データを導き出すことにも力を発揮している．

　しかし，これはあくまで「その領域」で力を発揮するものであり，人間が介入せずに他領域に応用できるようになるのは簡単とはいえない．

②汎用型 AI

特化型 AI のように特定の領域にとらわれずに，AI がまさに人間の脳のように，多様で多角的な問題解決能力を自ら身につけて，自律的に問題解決できる対象を広げていくことである．これこそが映画の世界や 2045 年問題で語られている AI のことである．

現在，研究者の多くは，「汎用型 AI の誕生は遠い未来だ」と語っている．ただし，発展のスピードが加速化している中で，特化型 AI が近隣領域の問題解決に能力を広げる可能性は否定できず，これからの発展が注目される．

11.1.3. AI の活用

AI が現実世界で活用される際の主な機能領域は，「識別」「予測」「実行・生成」に大別できる．それぞれは次の機能領域で構成される．

・「識別」：音声，画像，動画，言語解析
・「予測」：数値，意図，ニーズ，マッチング
・「実行・生成」：表現生成，デザイン，行動の最適化，作業の自動化

それぞれの機能は，AI が運転を代行する自動運転，製造現場での生産性向上，効率的な物流システムの設立，潜在的な顧客を発掘するためのマーケティ

図表 46　AI の発展と利活用の進化

出所：総務省（2018）『情報通信白書　平成 28 年版』p.238，図表 4-2-2-2

ングなど，あらゆる分野に広がっている (**図表46**).

　最初に実用化が大きく進んだのが，画像認識である．デジタル時代で生まれるビッグデータの主要なもののひとつが画像である．この認識精度が向上することで，医療分野などの画像診断や広告の分野で使われるようになっている．

　同じ視覚情報の動画や，音声などの視覚以外の情報にも及んでいる．そして，これらを組み合わせた (マルチモーダル) 認識の研究が進んでいる．これが実現すれば，環境や状況を総合的に把握できるため，防犯・監視の厳密化や環境問題の予測まで幅広く活用できるようになる．

　次に，コンピューター自体がとった行動プロセスと判断結果を分析して，さらに高次の行動計画 (プランニング) ができるようになる研究が進んでいる．これが，自動運転や物流の自動化といった分野に応用されている．

　行動の分析が高度化して最適化を判断できるようになれば，作業の自動化・自律化も進むことになる．そうすれば，対人サービスでもある家事や介護などの分野にもより一層広がることになる．

11.1.4.　AI とロボット

　AI とロボットはよく混同されるため，次のように関係を整理する．AI は前述のとおり，その目的や対象範囲から「特化型 AI」と「汎用型 AI」に分類できる．現在の AI はほぼすべて「特化型」であり，「(何でも自律的にできる) 汎用型」はまだ現実的とはいえない．ただし，「特化型」の高度化と隣接分野との連携・統合により，「準汎用的」な使用方法は成り立っていくであろう．

　AI によって根本的に求められているのは，「人間の作業効率化」と「人間の能力拡張」が大きな柱といえよう．これはロボットと組み合わせて，取り組まれている．

　ロボットについては，「ハードウェア・ロボット」が中心だが，コンピューター・プログラムを駆使した「ソフトウェア・ロボット」も増えている．その説明は，次の「ロボット」の項目で行う．

図表 47　AI とロボットの関係

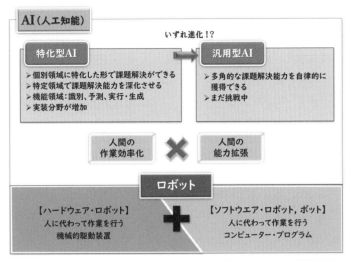

出所：斉藤昌義（2020）『図解　コレ1枚目でわかる最新 IT トレンド〈新装改訂3
　　　版〉』技術評論社等を参考に作成

11.2.　ロボット

　ロボットやロボティクス（ロボット工学）は，製造現場など産業分野に加えて，
災害対策や日常生活の分野にまで広く浸透している．ただし，その捉え方はか
なりまちまちである．その概念と領域・分野について整理する．

11.2.1.　ロボットの概念

　ロボットは古くから小説や映画の中で取り扱われており，各人がなんらかの
イメージをもっていよう．しかし，『NEDO ロボット白書 2014』によると，
完全に一般性をもった定義は存在しないという．AI と同様，時代の変化にあ
わせて概念も変わっている．

　これまで産業界では，ロボットとは「センサー，知能・制御系，駆動系の3
要素を備えた機械」と捉えられてきた[15]．ところが，IoT の普及や AI の大幅

15　JIS における産業用ロボットの定義等．

な進化，デジタル技術・サービスの進展といったデジタル革命により，固有の駆動系をもたなくても，独立した知能・制御系でさまざまな分野においてロボット機能を提供できる可能性が生まれている．また，ロボットは人間が抱える何かしらの課題解決のために開発・実装されている点を忘れてはならない．

　そのため本書では，ロボットを「センサー，知能・制御系，駆動系の3つの要素技術を必要に応じて組み合わせて，人間の課題解決のために機能する，知能化した(機械)システム」と定義する．

　ロボットの一般的なイメージは，ハードウェアをもつ「ハードウェア・ロボット」である．ただ，**図表 47** にあるように，今ではコンピューター・プログラムによって人の作業を代行する RPA (Robotic Process Automation，4 章 4.2.1. 参照)のようなハードをもたないソフトウェア・ロボットも存在しているため，「知能化した(機械)システム」と表すことにする．また，ロボティクス(ロボット工学)は，ロボットに関する技術を研究する学問分野のことである．

11.2.2.　ロボットの発展と活用

(1) 日本におけるロボット産業の発展

　日本のロボットは 1980 年代以降，自動車や電気・電子産業などの製造現場を中心に早くから導入が進み，現在にいたるまで産業用ロボットの出荷額と稼働台数ともに世界トップクラスである．近年は，サービス業から，介護・医療，災害対策など，さまざまな分野に急速に広がっている．これを，AI(人工知能)の進化が大いに後押ししている．

　日本政府は 2015 年に「ロボット新戦略」を発表し，その産業の重要性と発展性を睨んで産学官一体で取り組む指針を出している．日本は工場の自動化など長らく産業分野で世界トップクラスを誇っていたが，これから大市場に成長するとみられるサービス分野では米国や中国に大きく水をあけられており，課題となっている．

　ロボット産業は裾野が広い産業であり，また，労働人口の減少に悩む日本の産業界にとっては，産業の労働生産性の向上とコスト抑制にも大きな貢献が期待できるので，今後も開発と実装が進み，成長を続けていくだろう．

（2）役割でみたロボットの活躍する分野

ロボットは果たすべき役割ごとに，①産業用ロボットなどの「生産環境（における人の作業の代替）」，②無人システムなどの「危機環境下での作業代行」，③日常生活の中での家事・介護支援などから，コミュニケーションや各種業務などの支援といった「日常生活・経済活動支援」の分野に大別できる（**図表48**）．特にデジタル時代に入ってからは，ロボットが有効に機能するために，AI と組み合わせて活用される例が急増している．

①生産環境（における人の作業の代替）

日本の工場では古くから生産性の向上を目指して産業用ロボットが導入され，高度化しているのは広く知られている．工作機械分野なども日本の産業界の強みといえる．

近年，工業に加えて農業分野でも導入が進んでいる．ロボット機能を搭載した収穫機械による迅速で大量の作業や，特定の果物・野菜の形状・大きさを特定したかたちでの収穫などの面で，研究から実装の段階に入って一部は実用化

図表48　ロボットが活躍する分野

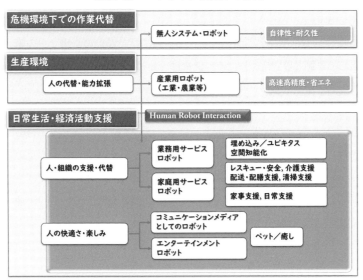

出所：総務省（2015）『情報通信白書　平成27年版』p.192 を加筆修正

されている．栽培や生育管理などの面でのロボット開発・利用にも取り組まれている．

　生産環境分野は，高速高精度に加えて，ロボットを使用するエネルギーの省エネ化も重要なテーマになっている．生産性が低かったり，過酷な労働環境であったりするほど，ロボットの活躍の場は広がっていくといえる．

②危機環境下での作業代行

　災害時や原発問題など危機的な環境下において，以前は人が行っていた監視業務や，特定物の撤去・移動などに無人ロボットやシステムが活躍できる場は多い．この分野では，ロボットの自律性と耐久性が重要になる．また，必ずしも台数が大量に必要とされるわけではない（もしくは高価ゆえに購入しにくい）ので，開発コストを誰がいつまで負担し，いずれは商用化に繋げるかが課題のひとつといえる．

③日常生活・経済活動支援

　近年，裾野も広がり，急激に伸びている分野で，サービス分野ともいえる．以前から，労働力不足で重労働といわれる介護分野や家事支援などに活用されている．また，新たな視点で，テーマパークや商業施設でのエンターテイメント利用に加えて，人と人との遠隔コミュニケーション促進や「心の癒やし」を求めて使われるロボットの開発も増えている．ほとんどのロボットの購入・利用は決して安価とはいえないため，従来は「目に見える効用」を求めてのロボット利用であったが，このような利用が増えているのは，人間社会においてロボットに期待するものが多様化しているからだといえよう．

　2020年からのコロナ禍により，ビジネス支援・経済活動支援において，導入が急激に広がっている．ソーシャルディスタンスの確保や人手不足の補完のために，飲食店では調理から配膳までロボットを導入，オフィスでは清掃や警備目的のために夜中にロボットを稼働させる企業が急増している．流通・物流業界では，巨大倉庫内での商品の移動，配送ロボット（機能）による陸上の自動配送や，ドローンを使った空からの自動配送など，近未来に期待していたロボット活用が一気に進んでいる．

11.3. 課題と展望

　AIとロボットが実際に役立つことは，長い間の人類の夢であった．過去何十年かを振り返ると，その理論的・技術的進化の早さと，適用できる範囲の驚異的な拡張により，我々は過大な期待を抱き，幻滅した歴史を繰り返してきた．

　しかし，現代においてはAIとロボットは，デジタル時代のキーテクノロジーである．これを有効に使えば，従来は予測不能だと思われたことが可能になったり，劇的に生産性や効率性をあげたりできる可能性が増加している．ただし，次の点には注意が必要である．

　第1に，同分野がグローバル競争に突入しており，産業・経済全体の長期的な競争力，そして個々の企業の競争優位にも深く関わっているという点である．

　AI研究は世界最先端を進んでいた米国・カナダや欧州にくわえて，中国が急速に台頭している．一方，産業用ロボット分野では世界トップクラスだった日本は，AI研究やソフトウェア・ロボット分野などでは出遅れているといわれている．

　デジタル時代のキーテクノロジーを他国に依存することになれば，日本は経済的に大きな損失を被る可能性がある．また日本企業が海外企業の"下請化"することを懸念する議論もある．

　企業経営において，経営戦略を立てるうえでのビッグデータの収集とAI活用，生産・流通現場での高度化のためのIoTやロボット利用など，デジタル技術・サービスの動向や活用に疎ければ，あっという間にその点に長けている他社との競争に敗れる可能性が高まる．しかし，コロナ前までデジタル変革（DX）の必要性に対し機動的に対処していた日本企業は一握りに限られ，経営層の問題点への理解やリーダーシップには大きな疑問が残っていた．コロナ禍で一部の企業は前述の「攻めのIT活用」から「生き残りのためのDX活用」に踏み込んでいるが，まだこれからという企業が多いのが現状であろう．

　本分野の知識と活用の感性は，「知の探索と深化」に大きく影響することを，経営層は肝に銘じておくべきであろう．

　第2に，AIやロボットと，働く我々との関係の将来像である．海外での第3次AIブームの動きがようやく日本でも広まってきた過程で，「人間の仕事の

大半がAI・ロボットに奪われる」「人間を超えるAI・ロボットが近い未来に登場するから脅威だ」などという言説が話題になり，今も続いている．

　AI・ロボットの威力は軽視すべきではないが，まだ「汎用型AI」や「人間を超えたAI」を想像してはやし立てる前に，自らするべきことがあろう．

　ビジネスとITとの関係に詳しい米国の研究者ダベンポートは，「AI時代に生き残れる仕事のタイプ」について次のように整理している[16]．なお，彼はAI・ロボットのことを「機械」とも表現している．

① AI・ロボットとは別の土俵で働く

・ステップ・アサイド：人との交流，説明，説得など機械が不得意な作業
・ステップ・ナロウリー：機械を導入しても経済的でないニッチな分野の仕事

② AI・ロボットをビジネスに使う仕事

・ステップ・イン：機械の仕組みを理解・監視・改善する仕事

③ AI・ロボットの上を行く仕事

・ステップ・アップ：ビッグデータだけにとらわれずに他の視点も含めて大局的に物事をみて判断できる人なら，機械より高いレベルで問題解決が可能
・ステップ・フォワード：技術力をもって次世代の技術やシステムを開発する仕事

　さて，あなたはどの道を選ぶだろうか．もしくは新たな道を見つけ出すことができるだろうか．そのために，今は何をすべきだろうか．

　夢と現実と脅威が絡み合った世界に我々はいることを強く認識した方がよいであろう．

《発展学習のポイント》

1. AIやロボット分野における日本と海外の研究動向やビジネス利用のトレンドを調べてみよう．それは，あなたが関心をもつビジネスにどのような影響があるだろうか．

16　ダベンポート，トーマス（2016）『AI時代の勝者と敗者』日経BP社

2. AI やロボットがビジネスで活用されている事例を探してみよう．そして，それはどのようなメリットとデメリットがあるだろうか．

3. あなたが関心をもつビジネスにおいて，AI やロボットの創造的・発展的な活用方法はあるだろうか．そのためにはどのような工夫や留意点があるだろうか．

4. 将来，あなたが AI やロボットに仕事を奪われないために，今から具体的にどのような対策・準備をするか，3 つ以上あげてください．

情報セキュリティ

　情報化社会の進展により，多種多様で膨大な量の情報がビジネスに活かされるようになっている．これまでみてきたような「モバイル & スマート × 5G」「クラウド」「ソーシャルメディア」「ビッグデータ，IoT」「AI，ロボット」といった新潮流が，それを後押ししている．それらは「情報化社会の光の面」といえる．

　一方で，情報漏えい事故，ネット詐欺，サイバー攻撃など，毎日のように「情報化社会の影の面」の事件が報道されている．個人と企業の双方とも，被害にさらされる危険性をはらんでいることの表れだ．

　今必要とされているものは，情報セキュリティへの正しい理解と適切な情報セキュリティ対策である．皮肉なことだが，脅威が高まっているがゆえに，情報セキュリティビジネスも活況を呈している．

　本章では，情報セキュリティの必要性と基本的な知識，具体的な対処方法についても取り上げる．

12.1. 情報セキュリティとは

　インターネットを利用するうえでは，マナーやルールを守るだけでなく，適切なセキュリティ対策も必要である．情報セキュリティの重要性を解説し，どういった脅威があるのかを紹介する．

12.1.1. 情報セキュリティの定義

　「情報セキュリティ」(Information Security) の定義は ISO/IEC27001 において，「情報の機密性，完全性，可用性を維持すること，さらに，真正性，責任追跡性，否認防止性及び信頼性といった特性を含めても良い」とされている．

　この前半の「機密性」「完全性」「可用性」は，「情報セキュリティの三大要素」と呼ばれ，それぞれの頭文字をとって"情報の CIA"ともいわれる．

図表 49 「情報セキュリティ」の三大要素

機密性 (Confidentiality)	情報へのアクセスを認められた者だけが，その情報にアクセスできる状態を確保すること （例：機密性を確保するために通信を暗号化する）
完全性 (Integrity)	情報が破壊，改ざんまたは消去されていない状態を確保すること （例：完全性を確保するためにデジタル署名を義務づける）
可用性 (Availability)	情報へのアクセスを認められた者が，必要時に中断することなく，情報および関連資産にアクセスできる状態を確保すること （例：可用性を確保するために機器を冗長構成（2重化）する）

例えば，「通信を暗号化する」（機密性の確保に相当），「デジタル署名をつける」（完全性の確保に相当），「機器を冗長構成（2重化）する」（可用性の確保に相当）といった，技術や規約を整備・維持していくことが，情報セキュリティを確保・維持していくことにつながる．

12.1.2. 情報セキュリティに関する脅威の増大

情報セキュリティへの関心は，個人・法人を問わず高まってきている．対策に不備があると，個人情報が適切に保護されていないショッピングサイトで買い物をしたり，コンピューターウイルスに感染したパソコンを使い続けたために，住所・氏名・電話番号，クレジットカード情報などの個人情報が漏えいして他人に悪用されたり，暗号化していない USB メモリを置き忘れたために，機密情報が流出して社会的な信頼を失ったりすることもある．

独立行政法人情報処理推進機構(IPA)は，毎年，「情報セキュリティ10大脅威」を発表している．その変遷を見れば，どのような内容が情報セキュリティの大きな脅威として認識されてきたかがわかる（**図表50**）．

IPA によると，2001〜2003年までは「ネットワークウイルス全盛」，2004〜2008年が「内部脅威・コンプライアンス対応」，そして，2009年以降は「脅威のグローバル化」と分類できるという．近年，世界各国で国際的なハッカー集団によるウイルスやハッキングによるサイバー攻撃が頻発しており，国内外の関係組織と連携した対策の必要性が指摘されている．

2005年から14年間の攻撃手法の変化を概観する．2005年頃から「脆弱性

図表50　「情報セキュリティ10大脅威」の変遷

	2005	2006	2007	2008	2009	2010	2011	2012	2013	2014	2015	2016	2017	2018
イベント	★12月 Youtube 開始　★7月 iPhone 日本発売　★7月 LINE 開始　　★10月 Apple Pay 開始 ★3月 Amazon Web Services 開始　★7月 Android スマホ日本発売　★7月 Windows 8 発売　★7月 Windows 10 発売 ★7月 Twitter 開始　　★10月 Windows 7 発売　　　　　　　★5月日本で仮想通貨取引所 ★12月ニコニコ動画開始　　★5月 iPad 日本発売													
ネット ワーク	ブロードバンド 公衆無線 LAN 3G（W-CDMA〜LTE） 4G（LTE-Advanced）													
端末	パソコン スマートフォン タブレット IoT 機器													
サービス	ソーシャルネットワーキングサービス（SNS） モバイル決済 クラウドサービス													
攻撃手法	脆弱性を悪用した攻撃 フィッシング 内部要因による情報漏えい 標的型攻撃 不正ログイン ユーザーを騙す詐欺・恐喝 DDoS 攻撃 スマートフォンを狙った攻撃 インターネットバンキングを狙った攻撃 ランサムウェア													

出所：情報処理推進機構セキュリティセンター（2019）『"情報セキュリティ10大脅威"14年間のランキングを分析』https://www.ipa.go.jp/files/000074098.pdf（2021年2月10日閲覧）より作成

を悪用した攻撃」「フィッシング」，「標的型攻撃」「ユーザーをだます詐欺・恐喝」などが続いているが，スマートフォンの普及と相まって2010年頃からは「スマートフォンを狙った攻撃」，「インターネットバンキングの普及に伴う攻撃」の増加など，インターネット利用の変化と連動している．そして，近年のデジタル変革を牽引するIoTの普及やAIの進化により，複雑かつ巧妙な新次元の脅威が増加している点を注視する必要がある．

「情報セキュリティの10大脅威」で取り上げられているものの多くが,「外部から攻撃される脅威」だが,「"人"が起こしてしまう情報漏洩」といった個人または組織内部の人の不注意などによるものもある. そのため, 過失を起こさない・起こさせないようにすることは元より, 故意の場合もあるため, 性悪説に基づいて対処せざるをえない状況にある. 近年, 内部不正によって企業が保有する個人情報が流出する事件が頻発しており, 内部不正対策の重要性にあらためて注目が集まっている.

12.1.3. デジタル社会における新たな脅威
(1) IoT

IoT端末の普及のメリットについて解説してきたが, 実は企業にとっても個人にとっても脅威は存在している. 情報通信研究機構(NICT)が運用しているサイバー攻撃観測網(NICTER)で2019年に観測されたサイバー攻撃関連通信は, 前年比の約1.5倍で, そのうちの半分近くがIoT機器関連を狙ったものだという[17].

IoTは, さまざまな面で従来のパソコンやサーバのIT機器類と異なる. 例えばIoTにはデバイスの数が多く, オフィス内や工場内以外にもさまざまなところで幅広く使用され, 接続される機器も多い. また, パソコンにおけるWindowsのようにデファクトスタンダードのOSがあるわけではなく, そのための汎用的で有力な対応技術が確立されているわけではない. このような状況なので一律の管理対応も難しい. そのため, 一部のIoT端末が原因となり, 管理側が予想もしなかったようなトラブルが発生するのである.

このような状況に対処するため, IoT推進コンソーシアム・総務省・経済産業省は「IoTセキュリティガイドライン ver1.0」を発表して, 産業界にセキュリティ対応を促している[18].

---

17 「NICTER観測レポート2019」https://www.nict.go.jp/press/2020/02/10-1.html
  (2021年2月10日最終閲覧)
18 同ガイドラインは, 2016年にVer 1.0を発表してから, まだ改訂されていない.
  (2021年1月時点で確認)

　また，スマートスピーカーや遠隔でエアコンなどを操作する AI 家電・IoT 家電を導入したり，自宅の防犯のため Web カメラを設置したりしている家庭が増えている．これも乗っ取りなど攻撃の対象になっている．デジタル端末を活用して便利で快適な生活を求める中で，思わぬ落とし穴が存在している．

(2) テレワーク，Web 会議ツール

　以前からテレワークは一部の大企業などで活用されていたが，コロナ禍で導入が急増している．テレワークは通勤時間を省けて自分のペースで働くことができるなどのメリットがある．しかし，企業の重要情報をインターネットでやりとりしたり，会社支給のパソコン等の情報端末で扱ったりしており，サイバー攻撃の対象になっている．

　コロナ禍以降，企業のオンライン営業や大学等の教育現場でのオンライン講義も急増している．テレワークと同様，サイバー攻撃の対象となっており，企業の機密情報や個人情報の抜き取りやハッキングなどが起きたりしている．

12.2.　情報セキュリティ対策

　情報セキュリティの重要性を理解したうえで，どのような基本対策が必要かを紹介する．さらに，身近なテーマであるコンピューターウイルス対策，パスワード管理，メール利用の注意事項などについても取り上げる．

12.2.1.　情報セキュリティのための基本対策

　過去十数年間にわたる IPA の「情報セキュリティの 10 大脅威」で攻撃の糸口が拡大・変化してきたことはみてきたとおりだが，実は必要とされる基本的な対策は一貫している．

(1) ソフトウェアの更新

　Web ブラウザ，電子メールソフト (メーラー)，OS，アプリケーションソフトウェアは，情報セキュリティ上の問題 (弱点・脆弱性) を解決するための修正プログラムがメーカーからインターネットを通じて提供される場合がある．その代表的なものが，マイクロソフト社が提供している，Windows Update (Microsoft Update) である．インターネットを利用する場合には，これらの修正プ

図表 51　情報セキュリティ対策の基本

攻撃の糸口	情報セキュリティ対策の基本	目的
ソフトウェアの脆弱性	ソフトウェアの更新	脆弱性を解消し攻撃によるリスクを低減する
ウイルス感染	セキュリティソフトの利用	攻撃をブロックする
パスワード窃取	パスワードの管理・認証の強化	パスワード窃取によるリスクを低減する
設定不備	設定の見直し	誤った設定を攻撃に利用されないようにする
誘導（罠にはめる）	脅威・手口を知る	手口から重要視するべき対策を理解する

【ポイント】
- 多数の脅威があるが、「攻撃の糸口」は似通っている
- 基本的な対策の重要性は長年変わらない

⇒「対策の基本」を着実に実行しながら最新動向に目配りを続けること！

出所：IPA「情報セキュリティ10大脅威 2019」https://www.ipa.go.jp/security/vuln/10threats2019.html（2021年2月10日閲覧）p.11 等を基に筆者作成

ログラムを定期的に適用して，できる限りソフトウェアを最新の状態に保つよう心がける必要がある．

　最近では，ソフトウェアが利用できる新しいバージョンを検出すると，自動的に更新して，最新のセキュリティアップデートが適用された状態を維持できるようになっている場合もある．ただし，利用した覚えのないソフトウェアから自動アップデートの有無を問われた場合は，注意が必要である．

(2) ウイルス対策ソフト（ウイルス対策サービスの利用）の導入

　最近のウイルスは，電子メールや Web サイトを閲覧しただけで感染することもあるため，インターネット接続事業者（プロバイダ）が提供しているウイルス対策サービスや，ウイルス対策ソフトを導入する必要がある．ウイルス対策ソフトには無償のものもあるが，自動アップデートに対応した有償のものを選ぶ方がよい．また，無償と謳ったソフトの中に，不正プログラムを含んだ悪質なものも存在する．有償ソフトでも無償期間があるため，その間にパソコンへの負荷（メモリ使用量）などを比べることができる．

　最近ではウイルス対策のほかに，パーソナルファイアウォールやフィルタリングなどの機能を備えた総合セキュリティ対策ソフトがある．これらの機能は，不正アクセス防止や，フィッシング詐欺サイトへのアクセス防止などの対策に有効である．一度被害を受けると取り返しのつかないことになりかねない．ウイルス対策ソフトだけでなく，すべての機能を含む総合セキュリティ対策ソフトの導入が望ましい．

（3）パスワードの管理・認証の強化

　IDやパスワードは，パソコンなどの情報機器や各種インターネットサービスを利用する際に必要となる情報である．この情報が盗まれてしまうことで，さまざまな問題が発生している．この点について詳しくは後述する．

（4）設定の見直し

　インターネットの通信機器，パソコンやソフトウェア，スマートフォンのアプリなど，不要な設定（機能）は無効にすることが望ましい．さらに，前述の項目にも関わるが，製品共通の初期パスワードをそのまま利用するのは非常に危険である．例えば，遠隔カメラの設定を製品購入時の共通初期パスワードのまま使っていたところ，ハッキングされて家庭内を覗き見された，河川の安全監視に利用するはずが使用不能にされたなどの例などが多発している．また，「ソフトウェアの更新の自動化」については前述のとおりである．

　企業を中心に利用が急増しているIoT機器は直接インターネットに接続することが前提となっているが，セキュリティの技術がまだ未成熟な面もあり，特に注意が必要である．

（5）脅威・手口を知る

　上記の（1）〜（4）はいつの時代にも大切な基本的対策である．しかし，「情報セキュリティの10大脅威」でみたように，攻撃のアプローチは共通的でも手法・技術は高度化・複雑化している．

　したがって，公的機関の注意喚起やニュースなどから脅威の手口に関する情報収集を継続するのは大切である．例えば，注意喚起や情報発信しているSNSアカウントをフォローして，メールマガジンを登録して定期的に閲覧するのも有効である．なお，公的機関は若者などすべての層に知ってもらうため

に，情報セキュリティの脅威と対策についてマンガ化したりストーリー仕立ての動画番組をつくったりしている[19]．

このように，「対策の基本」を着実に実行しつつ，変化し多様化する最新の手口を理解して，自身の対策も高度化していくことが必要である．

12.2.2. コンピューターウイルス対策

コンピューターウイルス（以下，ウイルス）とは，電子メールや Web サイトの閲覧などによってコンピューターに侵入する不正プログラムのことである．常時接続回線の普及や利用者の増加により，ウイルスが増殖する速度が速くなっているといわれている．ウイルスの中には，何らかのメッセージや画像を表示するだけのものもあるが，悪質なものは，ハードディスクに格納されているファイルを消去したり，コンピューターが起動できないようにしたり，パスワードなどのデータを外部に自動的に送信したりする．

ウイルスの最も大きな特徴は，コンピューター内のファイルへの感染や，ネットワークに接続している他のコンピューターのファイルへの感染など，増殖するための仕組みをもっていることである．最近では，コンピューターに登録されている電子メールのアドレス帳や過去の電子メールの送受信の履歴を利用して，自動的にウイルス付きの電子メールを送信するものも多く，世界中にウイルスが蔓延する大きな原因となっている．

ウイルスの感染経路には，次のようなものがある[20]．

①メールの利用と添付ファイル

ウイルスの感染経路として非常に多いのが，電子メールの添付ファイルである．ウイルスが組み込まれた電子メールの添付ファイルを誤って開いてしまうと，ウイルスに感染するようになっている．

最近では，興味をそそられるような件名のメールや添付ファイルだったり，

19　例えば，IPA「映像で知る情報セキュリティ」などがある．https://www.ipa.go.jp/security/keihatsu/videos/（2021 年 2 月 10 日最終閲覧）
20　この項目については，総務省の「国民のための情報セキュリティサイト」などを参考にしている．

便利なソフトのように見せかけたりしてインストールさせようとするなど巧妙化している.

②USBメモリの利用

USBメモリが挿入された時にコンピューターに保存されているファイルを自動実行する機能があるため, この仕組みを悪用して, コンピューターに感染するウイルスがある. このようなウイルスの中には, 感染したコンピューターに後から差し込まれた別のUSBメモリに感染するなどの方法で被害を拡大するものもある.

③マクロプログラムの利用

マイクロソフト社のOfficeアプリケーション (Word, Excel, PowerPoint, Access) のマクロ機能を利用して感染するタイプのウイルスがあり, マクロウイルスと呼ばれている. Officeアプリケーションのマクロ機能では, 高度なプログラム開発言語であるVBA (Visual Basic for Applications) を使用できるため, ファイルの書き換えや削除などコンピューターを自在に操ることが可能になる. そのため, マクロウイルスに感染したドキュメントは, ファイルを開いただけで, VBAで記述されたウイルスが実行されて, 自己増殖などの活動が開始されてしまうことになる.

④Webサイト (ホームページ) の閲覧

現在のWebブラウザは, ホームページ上でさまざまな処理を実現できるように, JavaScriptやVBScript, ActiveXコントロール, Javaなどのプログラムを実行できるようになっている. そのため, これらのプログラムでウイルスが埋め込まれたサイトを閲覧した場合は, コンピューターがウイルスに感染する可能性がある.

最近では, WebブラウザやWebブラウザへのプラグインソフトの脆弱性を利用した感染方法が増加しており, Webサイトを閲覧するだけでウイルスに感染させる手口はますます巧妙化している. また, 正規のWebサイトがウイルス付きの内容に書き換えられてしまうケースも増えている.

⑤Webサイト上のソフトウェアの利用

Webサイト上のソフトウェアをダウンロードしてプログラムを実行すると,

ウイルスに感染することがある．特にフリーソフトをダウンロードする場合，できればリリースからしばらく時間を経てから Web サイトで評判などを調べたうえでダウンロードするなど，慎重に行う必要がある．

⑥ファイル共有ソフトの利用

　ファイル共有ソフトとは，インターネットを利用して不特定多数の人々の間で音楽ファイルや動画ファイルを共有することを目的としたソフトウェアである．ファイル共有ソフトでは不特定多数のユーザーが自由にファイルを共有できるため，別のファイルに偽装するなどの方法でいつの間にかウイルスを実行させられてしまうことがある．例えば，感染したコンピューターのファイルを勝手にファイル共有ソフトに公開してしまうウイルス被害により，個人情報だけでなく企業や官庁の機密情報が流出して大問題になっている．

⑦ネットワークでのファイル共有

　ウイルスによっては，感染したコンピューターに接続されているファイル共有用のネットワークドライブを探し出して，特定の拡張子をもつなど，ある条件で探し出したファイルに感染していくタイプのものがある．このようなウイルスは社内のネットワークを通じて，他のコンピューターやサーバにも侵入する可能性があり，とても危険度が高く，完全に駆除することが難しい．

12.2.3. パスワード管理，メール利用の注意事項

　身近でかつ有用なテーマであるパスワード管理とメール利用を取り上げる．

（1）ID やパスワードを使い回す危険性

　ブロードバンドの進展とともに数多くのインターネットサービスが登場し，多くの人がそれらを利用する機会が増えてきている．しかし，個人情報を伴うサービスやソーシャルメディアを利用する際は，個人を認証するための ID やパスワードの登録とそれらの管理が必要である．

　利用するサービスが増えていくと，覚えきれないといった理由で，同じ ID やパスワードを登録する"使い回し"が行われがちである．しかし，使い回しをすると，ひとつのアカウント情報の漏えいが他のサービスにも拡がり，なりすまし被害が拡大する恐れがある．

　また，悪意ある者が情報管理の脆弱な Web サイトを狙って攻撃し，ID やパスワードを入手すると，その情報をもとに他社の Web サイトでログイン試行し，他社でもログインに成功してしまうケースがある．

（2）なりすまし対策のポイント

　なりすまし対策のポイントは，パスワードの強化・保管・利用の3点に集約できる．この3つのうち，ひとつでもおろそかにしてはいけない．

①パスワードの強化

　破られやすいパスワードを使用していると，総当たり攻撃[21] や辞書攻撃[22] を受けた時にパスワードを破られる危険性が高くなる．破られにくいパスワードは，次のとおりである．

・英字（大文字，小文字）・数字・記号など，使用できる文字種すべてを組み合わせる．
・8文字以上にする．
・辞書に載っているような単語や名前（人名，地名）を避ける．

②パスワードの適切な保管

　パスワードを保管する際の注意点は次のとおりである．
・パスワードをメモする時は，ID と別々にする．
・定期的に利用サービスを見直し，利用しないサービスは登録を解除する．

③パスワードの適切な利用

　パスワードを入力する際の注意点は次のとおりである．
・ネットカフェなど不特定多数が利用するパソコンでは，ID やパスワードを入力しない．
・通常の ID やパスワードに加えて，その時だけ有効なパスワード（ワンタイムパスワード）を発行するなど，二要素認証や二段階認証等を行っている Web サイトを利用する．
・ネットバンクなどでは，ログインすると，ログインしたことを登録したメー

21　何らかの規則にしたがって文字の組み合わせを総当たりで試行する，いわゆる力ずくの攻撃方法．
22　辞書にある単語などを組み合わせながら試行する攻撃方法．

ルアドレスに知らせる機能（ログインアラートメール）がある．身に覚えのないログインアラートメールが届いた場合は，即座にアカウントをロックすることにより，被害を最小限に留めることができる．

(3) メール利用での注意事項

我々が日常的に使っている「メールの活用」では，次のような点についても注意が必要である．メールの添付ファイルを開く前には，安全性を十分確認する必要がある．例えば，拡張子が exe, bat, scr, pig, vbs, wash, js, hta などのファイルは特に注意が必要である．また，メールを HTML 形式で表示すると感染の危険が高くなるので，なるべくテキスト形式でメールを送受信するようにメールソフトを設定した方がよい．

12.2.4. テレワーク，Web 会議サービスの注意事項

前述のとおり，我々が実施しているテレワークや，Web 会議サービスの利用においても注意して対策すべきことはいろいろとある．情報処理通信機構（IPA）が利用における注意事項を発表している[23]．筆者は十数年以上，テレワークで仕事をしており，Web 会議サービスも長い間使用しているので，その経験を踏まえて述べる．

(1) テレワークの注意事項

① テレワーク開始準備

・テレワークを行う場合，自社の関連ルールを事前に把握して遵守する．セキュリティ上のトラブルを起こすと，大きな問題になる．

・テレワークで使用するパソコン等の端末は，基本的にはセキュリティ対策が十分に管理されている自社からの支給端末，または，BYOD (Bring Your Own Device) として組織から許可され一定のセキュリティ対策が実施されている私物端末を使用する．そのパソコン等は，自社のルールに従ったセキュリティソフトを搭載して，毎日更新する．

・テレワークで使用するパソコン等は，できる限り他人と共有して使わないこ

23　https://www.ipa.go.jp/security/announce/telework.html

と，共有で使わざるを得ない場合は，業務用のユーザーアカウントを別途作成する．

・Web 会議のサービス等を新たに使い始める際は，事前にそのサービス等の初期設定の内容を確認する．特にセキュリティ機能は積極的に活用する．同サービスのソフトウェアのアップデートは毎日行う．

②自宅で行う場合

・自宅のルータは，メーカーのサイトを確認のうえ，最新のファームウェアを適用（ソフトウェア更新）する．

・テレワークで使用するパソコンが，盗難にあわないように防犯に気をつける．

・自宅でのテレワークで Web 会議サービスなどを使う場合に，会話内容が近隣などに漏れないように配慮する．

③公共の場で行う場合

・カフェ等の公共の場所でパソコン等を使用するときはパソコンの画面をのぞかれないように，また盗難にあわないように注意する．一人で作業をしていて，トイレなどに立つときは要注意である．短時間でも席を離れる際は，ロックをかけるようにする．

・公共の場所で Web 会議を行う場合は，話し声が周囲に聞こえないよう注意する．

・公衆 Wi-Fi を利用する場合は，ウイルス感染やハッキングなどの危険性が高いため，セキュリティソフトはアップデートしてから作業する．また，パソコンのファイル共有機能をオフにする．

・公衆 Wi-Fi を利用する場合は，信頼できる VPN サービスを利用する．

・デジタルデータ／ファイルだけではなく，紙の書類等の管理にも注意する．

（2）Web 会議サービスの注意事項[24]

　Web 会議サービスを利用する場合も，上記の「テレワークの注意事項」で述べている注意事項は共通する．以下では，重複しない点を中心に述べる．

24　https://www.ipa.go.jp/security/announce/webmeeting.html

① Web 会議サービス選定時に考慮すべきポイント

・Web 会議を実施する場合の音声，映像，共有資料，チャット，録画・録音データ等が，クラウドサービスであればどこの国のサーバに格納されるか（されないか）など，信用性を確認する．

・通信路が安全でないと，重要な会議データの盗聴，改ざんの脅威が発生するため，暗号化の方式を確認する．

・意図しない者が勝手に会議に参加して，会議進行の妨害や機密情報の漏えいが発生しないように，会議参加者の確認・認証方式なども確認する．

　上記は専門技術的な内容になると，専門知識をもった人以外は判断がつきにくい．そのため，多少金額がかかっても，社会的評価が高いサービスを使うことをお勧めする．

② Web 会議サービスを安全に行うためのポイント

・Web 会議の機密性が担保できるような場所で行う．

・Web 会議に意図しない者が混じらないように，必要に応じてアクセスルールの制定やログインのためのパスワード設定を行う．例えば，ログイン中に姓名の明示を義務づけて，それを守らない者は Web 会議から強制的に排除する方法も検討する．

・Web 会議サービスのソフトウェアを定期的にアップデートする．特に，重要な会議の前は必ず行うこと．これを行っていないと，予想外のトラブルに見舞われることがある．

12.3. 情報セキュリティマネジメントシステム

　企業・組織における情報セキュリティの確保に組織的・体系的に取り組むことを「情報セキュリティマネジメント」[25] という．そこでは，情報の機密性，完全性，可用性を維持することが求められる．

　情報セキュリティ対策の中心となるのが「情報セキュリティポリシー」であ

25　総務省「国民のための情報セキュリティサイト」https://www.soumu.go.jp/main_sosiki/joho_tsusin/security/（2021 年 2 月 10 日最終閲覧）

る．それを策定したうえで運用し，改善手順を整備する実施サイクルを構築する必要がある．「情報セキュリティマネジメントシステム」は ISMS（Information Security Management System）と呼ばれ，国際的な規格である ISO/IEC27001 として標準化されている．

12.3.1.　情報セキュリティポリシー

　情報セキュリティポリシーとは，企業や組織において実施すべき情報セキュリティ対策の方針や行動指針のことである．

　情報セキュリティポリシーには，まず自社にとって守るべき情報資産を特定し，それをどのような脅威からどのように守るかといった基本的な方針や基準を作成し，実際に守る体制を確立して運用し，評価と改善を実施する仕組みの考え方が含まれる．実際には，「基本方針」「対策基準」「実施手順」の3段階で構成されるのが一般的である．

①基本方針

　基本方針には，組織や企業の代表者による「なぜ情報セキュリティが必要であるのか」や「どのような方針で情報セキュリティを考えるのか」，「顧客情報はどのような方針で取り扱うのか」といった内容が含まれる．

②対策基準

　対策基準には，基本方針を実践するために，情報セキュリティ対策の実際の指針を記述する．一般的には，対策基準にあわせてどのような対策を行うかという一般的な規定・規則を取り上げることが多い．

③実施手順

　実施手順では，対策基準にあわせて，対象者や目的に応じて必要な手続き・手順を具体的に記載する．

　情報セキュリティポリシー策定の目的は，企業の情報資産を脅威から守ることだが，その二次的なメリットとしては，導入や運用を通して社員の情報セキュリティの意識向上や，顧客・取引先の信頼性向上といったものも期待できる．

12.3.2. 実施サイクルとしての PDCA

情報セキュリティポリシーの策定から，実際に守る仕組み・体制の確立と運用，評価と改善の実施サイクルが必要である．

運用に際して必要なのが，PDCA（Plan，Do，Check，Act）のサイクルの確立と実施である．情報セキュリティ対策は，環境の変化に合わせて絶えず見直し，改善していく必要があるため，PDCA サイクルは不可欠だといえる．

① Plan：策定

情報セキュリティマネジメントシステムの確立を目的とした計画の策定．情報資産の洗い出しを行いリスクや課題を整理して，組織や企業の状況に合った情報セキュリティ対策の方針を定めた情報セキュリティポリシーを策定する．

前述のように，情報セキュリティポリシーは，基本方針，対策基準，実施手順の3段階で構成する．

② Do：導入・運用

情報セキュリティマネジメントシステムを導入・運用する体制の構築．情報セキュリティ対策をシステム等へ導入し，セキュリティの設定を行う．不要なサービスは停止し最新の修正プログラムを適用するなど，各種の対策によりセキュリティの脆弱性を減らす．

また，全社員に周知し，必要に応じて集合研修などの教育を行う．社員・職員が情報セキュリティポリシーに則って行動することで，目的とする情報セキュリティレベルの維持を目指す．

③ Check：点検・評価

導入・運用しているセキュリティ対策が，自社のセキュリティポリシーに沿った有効なものか，隠れた脆弱性はないか，社会的な状況の変化（例えば，新たな攻撃手法が広がっている）等を踏まえたうえで定期的に確認・評価する．また，定期的に情報セキュリティポリシー自体も評価する．

そして，実際に遵守されているかについて監査も行う．自己点検・評価と第三者によるものを組み合わせて見直すと効果的である．

④ Act：見直し・改善

点検・評価の内容を基に，不十分な点について再度リスクアセスメントを行

い，情報セキュリティポリシーの見直し・改善を行う．

　情報セキュリティにはさまざまなツールやサービスがあるが，一般財団法人
日本情報経済社会推進協会（JIPDEC）が，国際規格 ISO/IEC27001 に基づい
て，各システムが適切な安全対策を施しているかどうかを判断する「ISMS 適
合性評価制度」を作成するなどしており，参考になる．

《発展学習のポイント》

1. 自分の周囲で，重要だと思われる情報セキュリティの活用例を探してみよう．
   そして，それはどのようなメリットとデメリットがあるだろうか．
2. テレワークやオンライン学習をするうえで，本書の留意点を踏まえて実際
   に利用環境を整備してみよう．どのような点が特に注意すべきだろうか．
3. 情報セキュリティについて，自分自身，自分の所属組織，社会全体の各レ
   ベルでみたときに，どのような点を整備していけば，セキュリティの状態
   が改善されるだろうか．
4. 今後，伸びると思われる情報セキュリティビジネスは何か．また，その理
   由は何か．

第IV部

マーケティングのデジタル変革

第IV部では，マーケティングの基本を整理する．
そのうえで，デジタル技術・サービスの進化と関連して，
マーケティングの世界で起きているデジタル変革の流れを，
「デジタルマーケティング」として取り上げる．

マーケティングの基本

　本章では，マーケティングの定義や基本的な考え方やプロセス，さらにマーケティング戦略にかかるフレームワークなどを取り上げる．

13.1. マーケティングの定義

　マーケティング (Marketing) とは，「market (市場化する，市場に出す，市場を創造する)」と「ing (～すること，～する活動)」を統合させてできた言葉である．よって，Marketing を直訳すると「市場を創造する活動」となる．

　マーケティングの定義および概念は，非常に幅広く多様である．マーケティングの世界的組織であるアメリカ・マーケティング協会 (AMA) は，時代の変化にあわせて，1940 年，1960 年，1985 年，2004 年，2007 年に定義の改訂を行ってきた．

　1985 年の定義では，「個人と組織の目標を満足させる交換を創造するために，アイデア，財，サービスの概念形成，価格，プロモーション，流通を計画・実行するプロセス」としていた．

　しかし，2004 年版では，「マーケティングとは，組織的な活動であり，顧客に対して価値を創造・伝達・提供するとともに，組織とその利害関係者 (ステークホルダー) に利益をもたらすように，顧客との関係を管理する組織の機能および一連のプロセス」としている．この定義では，ステークホルダーや顧客への価値提供を意識した内容になっている．

　そして，最新の定義である 2007 年版では，「マーケティングとは，顧客，クライアント，パートナー，さらに社会全体にとって価値のある提供物 (offerings) を創造・伝達・提供・交換するための活動，それに関わる一連の制度 (set of institutions) およびプロセスである．」[26] としている．この定義では，ステークホルダーを個別に明記するとともに，社会全体も視野にいれていることを強

174

調している．また，単なるプロセスではなく，「一連の制度(set of institu-tions)およびプロセス」と，視野を広く捉えていることがわかる．

　マーケティングについては，アメリカの経営学者で“マネジメントの発明者”とも呼ばれるピーター・ドラッカーの考え方も広く知られている．ドラッカーの考えとは，「マーケティングは，顧客創造に不可欠であり，顧客こそ企業の基盤であり，(企業を)存続させる」である．また，「マーケティングの理想は，販売(Selling)を不要にすることである」とも述べている．

　“現代マーケティングの父”と呼ばれるフィリップ・コトラー(Philip Kotler)は，「広義のマーケティングとは，個人や組織が製品や価値を創造し，それを他者と交換することで，必要なものや欲しいものを獲得する社会的で経営的なプロセスである．狭義でのビジネス上の観点からは，顧客と有益な価値の交換ができる関係の構築」として，広義と狭義の2段階で捉えている．そのうえで，一般的に「マーケティングとは，顧客が求める価値を創造し，顧客と強固な関係を築き，その見返りとして顧客が価値を得るプロセス」と定義している．

　日本のマーケティングの代表的組織である日本マーケティング協会は，1990年に「マーケティングとは，企業および他の組織がグローバルな視野に立ち，顧客との相互理解を得ながら，公正な競争を通じて行う市場創造のための総合的活動である」と定義している(同協会公式サイトより)．

　この定義の中で，組織とは「教育・医療・行政などの機関，団体などを含む」，グローバルな視野とは，「国内外の社会，文化，自然環境の重視」，顧客とは「一般消費者，取引先，関係する機関・個人，および地域住民を含む」，総合的活動とは「組織の内外に向けて統合・調整されたリサーチ・製品・価格・プロモーション・流通，および顧客・環境関係などに係わる諸活動をいう」としており，きわめて対象を広く捉えていることがわかる．

26　2007年の定義(2017年に再認)の原文は次の通り．Marketing is the activity, set of institutions, and processes for creating, communicating, delivering, and exchanging offerings that have value for customers, clients, partners, and soci-ety at large. なお，同協会は，定義の見直しを定期的に実施している．

図表 52　マーケティングの定義

アメリカ・マーケティング協会 (2007 年定義，2017 年に再認)
マーケティングとは，顧客，クライアント，パートナー，さらに社会全体にとって価値のある提供物 (offerings) を創造・伝達・提供・交換するための活動，それに関わる一連の制度及びプロセス
ピーター・ドラッカーの考え
マーケティングは，顧客創造に不可欠であり，顧客こそ企業の基盤であり，(企業を) 存続させる
マーケティングの理想は，販売 (Selling) を不要にすること
フィリップ・コトラーの考え
マーケティングとは，顧客が求める価値を創造し，顧客と強固な関係を築き，その見返りとして顧客が価値を得るプロセス
日本マーケティング協会 (1990 年の定義)
マーケティングとは，企業および他の組織がグローバルな視野に立ち，顧客との相互理解を得ながら，公正な競争を通じて行う市場創造のための総合的活動

13.2.　顧客の欲求の捉え方

13.2.1.　「ニーズ→ウォンツ→需要」の 3 段階

　マーケティングの議論において「顧客ニーズを理解することが必要」と抽象的にいわれるが，具体的に捉える必要がある．コトラーは，「ニーズ (needs)」「ウォンツ (wants)」「需要 (demand)」という 3 段階で分けている．

　マーケティングの出発点であり，最も基本的な概念は，人間が何かを必要としている，求めているという「ニーズ」である．言い換えれば，「人が何かを不足していると感じた状態」ともいえる．そして，ニーズを満たすために具体化したものが「ウォンツ」である．

　例えば，ニーズとは，「喉が渇いているから何か飲みたい(冷たいものか温かいものか，何かの味がついているかなどはわからない)」という状況は「ニーズ」であり，「飲みたいものが『スポーツドリンク』である」と具体化したのが「ウォンツ」である．そして，それに対して購買力を伴った状況が，「需要」になるのである．

　「ニーズ (needs)」「ウォンツ (wants)」「需要 (demand)」は一見同じことを指しているように思えるが，顧客の欲求を見極める際にはこのように分けて捉え

る努力をした方がよいのである．例えば，顧客が「時刻を知りたい」という欲求をもっているとして，それは小型の置き時計なのか，腕時計なのか，スマートフォンでの時刻表示アプリなのかがまだわからない場合は，「ニーズ」である．いつも手軽に身につけて時刻を正確に知るのに役立つ電波式腕時計ということがわかれば，「ウォンツ」である．そして，実際に太陽光機能も付いた電波式腕時計を購入しようとするのが「需要」である．

　顧客の意志がこの3段階のどこに位置するかによって，顧客へのアプローチは変わってくるのである．顧客の欲求が「ニーズ」「ウォンツ」「需要」のどの段階に近いのかを考えるのが，マーケティングの出発点となるのである．

13.2.2. 顧客の欲求を満たす

　これまで，顧客のニーズやウォンツを満たすのは，支払って得られる「製品」や「サービス」が中心だった．例えば旅行に行きたいと考えて，旅行に行くために必要なスーツケースなどの製品を買ったり，旅行代理店に航空チケットや宿泊の手配などのサービスを頼んだりするのは，ニーズやウォンツを満たしていることである．最近はそれに加えて，旅行先で通常であれば地元の人しか知らないような「経験(体験)」が顧客の欲求を満たす対象になることもある．

　最近では，製品の購買などの「モノ」消費だけでなく，さまざまな「サービス」，「経験(体験)」，どの製品やサービスが優れているか・評判はどうかなどの「情報」，さらにはソーシャルメディアの普及の原動力となっている「人との関係の構築・拡大」といったものに対価を払う「コト」消費が拡大している．

　ただし，製品，サービス，経験といったものを分断して考えるのは適当ではない．以前は，「製品」を購入してそれが壊れやすいかどうかで満足度は左右された．今では故障した場合のアフターサービスも，次にその会社の製品を購入したいと思うかどうかの重要な判断要因となっている．加えて，製品の購入後に追加でサービスを継続的に得られたり，その製品をもとに各種の経験を得られたりするような場合も増えている．

　例えば，スマートフォンを購入して製品に満足するだけでなく，そこで提供されているアプリケーションのマーケット(Apple社のiPhoneの場合であれば，

iTunes や App Store 等）で自分の希望にあったアプリを無料・有料で購入することに喜びをおぼえる．さらに，それらを使い，ソーシャルメディアで古い友人を発見してテレビ電話機能で顔を見ながら会話するといった体験も可能である．つまり，現代は，製品，サービス，経験を組み合わせて顧客の欲求を満たすことが望ましいともいえる．

　製品，サービス，経験については，企業などの提供側と消費者などの利用側（受益側）とで捉えることが多い．製品，サービス，経験を得る際にお金を支払っているので「交換」しているともいえる．一般的に，交換とは「求めるものを他者から手に入れる代わりに，こちらも何かを提供すること」である．

　マーケティングの場合，この交換を通じて顧客と望ましい関係を構築（リレーションシップの構築）し，それを維持・拡充できるかが重要である．そして，このような交換や関係構築の集合体としての概念が，市場である．

13.3.　マーケティングコンセプトの変遷

　マーケティングコンセプトとは，マーケティングの基本的な考え方のことであり，時代とともに変化している．

　コトラーは，マーケティングコンセプトを生産志向，製品志向，販売志向，顧客志向，社会志向の5つに分類している．

（1）生産志向（Production Concept）

　顧客は入手しやすい手頃な製品を欲するという前提にたって，経営者は生産や流通の効率化に集中すべきという考え方である．古くからある考え方のひとつで，需要が供給を上回っていた時代や分野のものともいえる．

（2）製品志向（Product Concept）

　顧客は最高の品質や性能をもつ製品を欲するという前提にたって，魅力的な製品の開発や改善に集中すべきという考え方である．魅力的な製品の開発や改善は基本ではあるが，もし生産者・販売者が，顧客の求める製品を見誤っている場合は，「マーケティング・マイオピア（近視眼的マーケティング）」に陥ってしまう．

(3) 販売志向(Selling Concept)

　顧客が製品の必要性に気づかなければ購入してもらえないから，大規模な販売やプロモーション活動に集中すべきだという考え方である．これは，顧客ニーズに基づいた考え方というよりは，生産者・販売者の(顧客ニーズがあるだろうと考えて生産した)製品販売ありきの考えであり，顧客との良好で継続的な関係構築は視野に入っていない．自社の技術・サービスレベルの向上を追求することを中心に考える，つまり作り手の理論を優先させた「プロダクト・アウト(Product Out)」の考え方ともいえる．

　これも「マーケティング・マイオピア(近視眼的マーケティング)」に陥る懸念がある．

(4) 顧客志向(Marketing Concept)

　ターゲットとなる市場(または顧客)のニーズを競争相手よりも的確に摑んで，顧客満足を提供することを重視した考え方で，「マーケティング志向」ともいえる．作った製品をとにかく売るというのではなく，あくまで顧客が望んでいるものを感じ取って提供するという顧客中心を目指している．顧客のニーズに合わせて商品の企画・開発を行う，顧客のニーズを重視し，優先させる「マーケット・イン(Market In)」の考え方である．

　いいかえれば，顧客に主導された「顧客主導型マーケティング」といえる．顧客のニーズが比較的はっきりしている場合や，顧客が何を欲しているかを自覚している(ウォンツ)場合に有効である．しかし，顧客が思いもよらない全くの新しいコンセプトの商品開発の時点では成立しない．生産者・販売者がその製品のよさ・有益さを顧客に積極的に伝えることで，顧客に関心をもってもらう「顧客誘導型マーケティング」も必要になっている．

　このように，顧客志向といっても，異なるアプローチが存在することを理解しておくのが重要である．

(5) 社会志向(Societal Marketing Concept)

　ターゲットとなる市場(または顧客)の目先のニーズ(短期的なニーズ)を満たすとしても，顧客を含めた社会全体に悪影響が及ばないか長期的な視野を重視した考え方である．この考え方に基づけば，顧客が必要とするものであっても，

社会や地球環境全体に悪影響を与えると思われるものは，生産・販売しないという考え方である．

　これら5つの考え方を大別すれば，生産者・販売者に重点を置いた考え方である「販売志向」タイプと，顧客のニーズの把握や開拓に重点を置いた考え方である「顧客志向」タイプという2つのタイプに集約される．

　実際のビジネスはそれほど単純ではなく，状況に応じて両者の適切な組み合わせが必要となることが多い．また，当該企業の業界における地位（例えば，市場のガリバー or 新興勢力），業界の種類（重厚長大産業 or 新しい分野のサービス業）などによって左右されることもある．

13.4.　マーケティングの基本プロセス

マーケティング戦略は，一般的に次のプロセスで検討・策定される．

> 「マーケット環境分析（リサーチ）」
> 　　　↓
> 「セグメンテーション，ターゲティング，差別化，ポジショニング（STDP）」によるマーケティング戦略の立案
> 　　　↓
> 「マーケティング・ミックス（MM）」の視点によるマーケティング計画の立案

　マーケティング戦略の計画立案はこれでよいが，広く捉えるなら，最初と最後にそれぞれプロセスを追加する必要がある．

　最初の段階で，マーケティング環境分析を始める前に，自社のミッションや経営戦略に基づき「戦略目標の策定」を行い，方向性や目標を明確にする必要がある．

　最後の段階で，マーケティング戦略や計画を立案した後には，その計画の「実施管理・評価」が必要になる．特に，実施した後に何となく終了してしまうことがあるが，マーケティングの計画と戦略，実施プロセスでの課題や予想外の発見などをきちんと評価して，今後の改善・革新につなげる必要がある．これを忘れば，「両利きの経営」でいう「知の深化」と「知の探索」の方向性もわ

図表 53　マーケティング戦略の計画・実施・評価サイクル

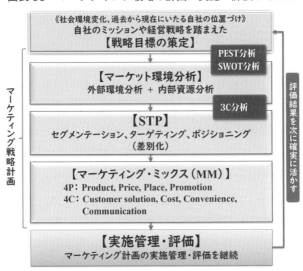

からなくなってしまう.

　マーケティング戦略の策定・実施管理・評価のプロセスを統合的に整理すると，次のようになる（**図表 53**）.

　このプロセスにおいて，「戦略目標の策定」をしたり「マーケット環境分析」をしたりする段階では，「PEST 分析」や「SWOT 分析」などのビジネスフレームワークが使われることが多い. また，「マーケット環境分析」や「STP」の段階で「3C 分析」に取り組まれることもある.

　次に，マーケティング戦略の立案プロセスについて具体的に解説する.

13.4.1.　マーケット環境分析

　マーケット環境分析には，「外部環境分析」と「内部資源分析」がある.

（1）外部環境分析

　外部環境分析は，次の「マクロ的外部環境」と「ミクロ的外部環境」に分類できる. それぞれの主な構成要素は，次の通りである.

①マクロ的外部環境：経済的環境，人口動態的環境，社会文化的環境，政治・

　　法律的環境，技術的環境，自然環境　等

②ミクロ的外部環境：消費者，競争企業，利害関係集団，産業状況　等

（2）内部資源分析

　企業内部の経営資源の主な構成要素として，「人的資源」「物的資源」「財務資源」「情報資源」「知識資源（技術力，ブランド力，特許）」等がある．

（3）「PEST分析」と「5F分析」

　外部環境の分析の場合は，「PEST分析」のフレームワークで行われることがある．PESTとは，「Politics（政治・法律的要因）」，「Economy（経済的要因）」，「Society（社会・文化・ライフスタイル的要因）」，「Technology（科学技術的要因）」である．

　ミクロ的外部環境と関連するが，業界環境分析では，マイケル・ポーターが提唱した「5F（ファイブフォース）分析」も使われる．「供給企業の交渉力」「買い手の交渉力」「競争企業間の敵対関係」という3つの内的要因と，「新規参入業者の脅威」「代替品の脅威」の2つの外的要因という計5つの要因から自社にとっての業界環境を分析するものである．

図表54　SWOT分析の構成

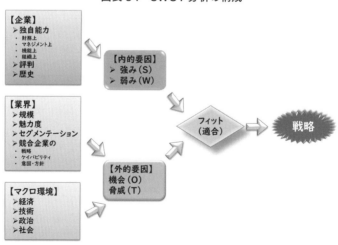

(4) SWOT 分析

外部環境分析と内部資源分析を活用して,「Strength（強み）と Weakness（弱み）」「Opportunity（機会）と Threat（脅威）」について分析を行うので頭文字をとって「SWOT 分析」という.

まずは外部環境である「Opportunity（機会）と Threat（脅威）」を分析し,次に自社の内部資源である「Strength（強み）と Weakness（弱み）」を分析して,結果の摺り合わせ（フィット,適合と呼ぶ）を行い,戦略を策定する.

(5) 3C 分析

これまで紹介した分析フレームワークとも共通するが,外部・内部環境全般を分析するもうひとつの有名な手法が「3C 分析」である.「Customer（市場・顧客）,Competitor（競合）,Company（自社）」の視点で分析するものである.

ただし,SWOT 分析や 3C 分析などのフレームワークを使う際には,注意が必要である. 自社（SWOT であれば SW,3C であれば Company（自社））の部分は,他と比べて情報が豊富で詳しく分析できる. 一方で,それ以外の要因は,

図表 55　3C 分析の使い方

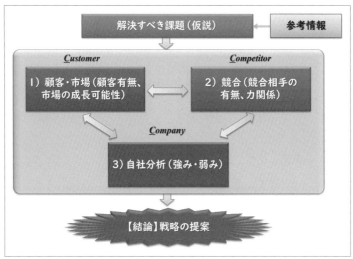

根本的な情報量が不足気味となる．客観的に分析しているつもりでも，現実にはかなりアンバランスになることが少なくない．

　また，SW や OT にしても，視点の置き方によって S（強み）が W（弱み）になったり，O（機会）だと思っていたものが実は T（脅威）になってしまったりすることもある．このように，一度分析を終えたからといって安心するのは禁物であり，複眼的志向で継続的に分析結果を見直す必要がある．

　外部・内部環境分析，業界分析のために，他にもさまざまなビジネスフレームワークが存在している．しかし，どれも重なるところが多く，実際のビジネスにおいては，目的と重要度に応じて組み合わせたりして活用している．

　著者はシンプルで活用しやすい 3C 分析を，講義の演習などで**図表 55** のように構成して用いることがある．

13.4.2.　STP の考え方

　上記の SWOT 分析の結果を受けて，次に行うのが「STP」の段階である．

　最初に，どこの市場に着目するかを検討するうえで必要となるのが市場細分化，つまり「セグメンテーション（Segmentation）」である．次に，マーケティングの対象を「ターゲティング（Targeting）」して絞り込む．競合他社と競うための差別化（Differentiation）を検討したうえで，最後に，市場のどのような位置に「ポジショニング（Positioning）」するかを決めるのである．

　STP の段階を経てマーケティングを行う標的市場が明確になる．そこで成功を収めるために，4P や 4C の捉え方を駆使してマーケティング計画を立案するのが，「マーケティング・ミックス（MM）」の段階である．

　STP でも，3C 分析などのフレームワークを活用することは多い．

13.4.3.　マーケティング・ミックス：4P と 4C

　マーケティングの計画，実行，評価にあたっては，その諸要素を 4 つのカテゴリーに分けて提示することが一般的である．4 つのカテゴリーとは，「製品（Product）」「価格（Price）」「流通（Place）」「プロモーション（Promotion）」であり，一般に「マーケティングの 4P」と呼ばれている．例えば，商品の品質や

図表 56　マーケティングの 4P

マーケティングの 4P	内容例
製品 (Product)	品質，製品特性，付属品，スタイル，ブランド，包装 (パッケージ)，サイズ，保証，返品など
価格 (Price)	希望小売価格，低価格，値引き幅，支払期間，支払条件，オープン価格など
流通 (Place)	流通経路 (チャネル)，販売地域，立地，在庫，配送，ロジスティクスなど
プロモーション (Promotion)	広告，パブリックリレーションズ (PR)，販売促進 (SP)，人的販売など

　保証については「製品」に，希望小売価格や値引き幅については「価格」に，流通経路や立地については「流通」に，広告や人的販売については「プロモーション」に分類される.

　4P は，企業の側が顧客との関係を構築するために採用する手法や活動を分類したものである. 一方，この 4P を顧客の側から見ると「4C」になるといわれている. 4C とは，「顧客の抱える問題解決 (Customer Solution)」「顧客が支払う費用 (Cost)」「顧客の購買時の利便性 (Convenience)」「顧客へのコミュニケーション (Communication)」である.

図表 57　マーケティングにおける 4P と 4C の関係修正

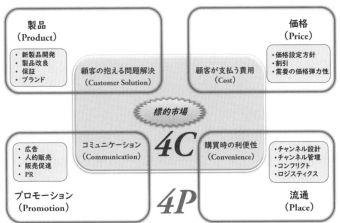

　「製品（Product）」に関する諸要素は，主に「顧客の抱える問題解決（Customer solution）」にかかわるものである．「価格（Price）」に関する諸要素は，主に「顧客が支払う費用（Cost）」に対応する．「流通（Place）」に関する諸要素は「顧客の購買時の利便性（Convenience）」の確立，「プロモーション（Promotion）」は「顧客へのコミュニケーション（Communication）」を形成する．**図表57**は，4Pと4Cの対応関係を表したものである．

　マーケティングにおいては，「売り込む」という古い感覚ではなく，顧客自身も気づいていないような顧客の潜在的なニーズを見いだして満たす，という新しい感覚が必要不可欠である．それを効率的に行えるようになった理由として，インターネットの普及とマーケティングへの活用がある．

　企業は，開発・製造した製品の売り上げ拡大とシェアの確保・拡大という目的を効率的に達成させるためにも，徹底的なマーケティングリサーチを行い，有効なマーケティング戦略と計画を立案し，実施・管理する必要がある．

《発展学習のポイント》

1. マーケティングの定義の変化と，社会の変化の関係について考えてみよう．
2. 自分が好きな商品・サービスを選んで，そのマーケティングがどのように行われているかについて，「マーケティング戦略の計画・実施・評価サイクル」にあてはめて考えてみよう．
3. SWOT，3C，STP，4P・4Cなどのフレームワークを身近な事例に当てはめて分析してみよう．何が優れていて，何が不足しているのだろうか．

デジタルマーケティング

現代のマーケティングの世界において，「デジタルマーケティング（Digital Marketing）」という用語が日常的に使われている．ところが，その概念について，広く支持される共通した定義はみあたらない．それほど曖昧かつ変化・進化が速い分野だともいえる．

図表58は，筆者が考える「デジタルマーケティング」の立ち位置を表すために，「Webマーケティング」と「マーケティング」全般の関係を整理したものである．本章を読む前に，まず次の図の中の①～③に該当するキーワードを埋めてみよう．そのうえで，読み進めて考えてもらいたい．

本章では，マーケティングにデジタル化が及ぼす影響と概念の変化，デジタル変革による新たな動きについて取り上げる．

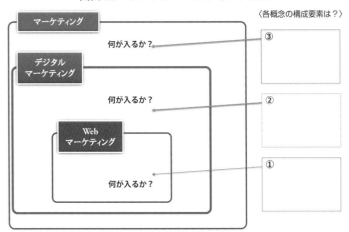

図表58　デジタルマーケティングとは

14.1.　マーケティングの発展段階とデジタル化

14.1.1.　マーケティング 1.0 から 5.0 への発展

　マーケティングの概念（基本的な考え方）は，経済社会の工業化・情報化の影響を受けて変化し続けている．ここでは，コトラーの提唱する概念を紹介する．

　コトラーは，2000 年代に入るまでは，マーケティングコンセプトを生産志向，製品志向，販売志向，顧客志向，社会志向の 5 つに分類していた．これらを活かした形で，2010 年にマーケティング 3.0，2016 年にマーケティング 4.0 の概念を発表し，より明確かつ段階別にマーケティングの概念と動向を整理してい

図表 59　マーケティング概念の発展

	マーケティング 1.0	マーケティング 2.0	マーケティング 3.0 From Products to Customers to the Human Spirit	マーケティング 4.0 Moving from Traditional to Digital	マーケティング 5.0 ？ Technology for Humanity
時期	1900-90 年代	1990-2000 年代	2000-2010 年代	2010 年代～	2020 年代～
タイプ コンセプト	製品中心 製品開発	顧客志向 差別化	価値主導，社会志向 人間中心	自己実現 感動と共感／顧客経験価値	①
目的	製品を販売	顧客を満足させ つなぎとめる	世界をより良い場所に	エンゲージメント構築	②
象徴的なテクノロジー	生産技術 産業革命	情報技術 インターネット	インターネット モバイル，SNS	モバイル，SNS デジタル技術（ビッグデータ等：第 1 期）	③
市場への企業の見方	物質的ニーズを持つ購買者	マインドとハートを持つ顧客（生活者）	マインドとハートと精神を持つ顧客（社会的存在）	顧客は賛同者・推奨者	④
提案価値	機能的価値	機能的＋感情的価値	機能的＋感情的＋精神的価値	精神的＋社会的価値	⑤
顧客との関係・交流	1 対 多	1 対 1	多 対 多	多 対 多の共創	⑥
キーワード	マスマーケ	1 対 1 マーケ サービスマーケ	ブランド (3i) Web マーケ ソーシャルマーケ	デジタルマーケ 最適なカスタマー・ジャーニー	⑦

（表中：転換点）

注：コトラー他の考えによれば，Version と時期は重なることがある．上記の時期はあくまで目安となる．欄の大きさの関係で「マーケティング」を「マーケ」と記した箇所あり．
出所：コトラー，フィリップ他 (2017)『コトラーのマーケティング 4.0』朝日新聞出版，(2010)『コトラーのマーケティング 3.0』等より筆者作成

る(**図表59**). 各段階(Version)の概要は，次のようになろう.

(1) マーケティング 1.0

　マーケティング 1.0 は，生産・製品を中心においた，いわゆるマスマーケティングである. この段階では，基本的に必要な機能を満たす十分な量の製品を提供することに主眼が置かれていた. したがって，主に提供される価値は，製品・サービスの機能や性能による「機能的価値」であった.

(2) マーケティング 2.0

　マーケティング 2.0 は，「顧客中心」を標榜したマーケティングである. インターネットが登場して普及が進み，1 対 1(One to One)マーケティングへの取り組みが始まった. この段階になると，製品による「機能的価値」に加えて，競合相手と競いながら生活者である顧客のハートを掴むために「感情的(情緒的)価値」を提供しようとした.

(3) マーケティング 3.0

　マーケティング 3.0 は，モバイル＆スマート，ソーシャルメディア等の浸透により，顧客はさまざまな主張を行い，インターネットで他の人とつながることが日常的になってきた. この段階になると社会的(ソーシャル)な意識が高まり，「購買者として顧客」というだけでなく「社会的存在としての生活者(顧客)」という観点から，「機能的価値＋感情的(情緒的)価値＋精神的(社会的)価値」の提供を意識するようになった.

　3.0 の重要な概念は，「ブランド」「ポジショニング」「差別化」の三要素のバランスと統合を重視した「3i」である. これは，次の3つで構成される.

- ・**ブランド・アイデンティティ(Brand Identity)**：ブランドを顧客の心の中にポジショニングすること.「ポジショニング」と「ブランド」から構成される.

- ・**ブランド・イメージ(Brand Image)**：顧客にブランドのよい印象を与えて，感情的なニーズを充足させて差別化を図ること.「ブランド」と「差別化」から構成される.

- ・**ブランド・インテグリティ(Brand Integrity)**：顧客にブランドの誠実さ(integrity)をアピールすること.「ブランド」と「ポジショニング」から構成される.

(4) マーケティング 4.0

　マーケティング 4.0 では，モバイル＆スマート，ソーシャルメディア等がさらに浸透して，顧客・生活者はデジタル社会での「自己実現」を求め「感動・共感」を得られるような顧客経験価値を重視するようになる．それが得られれば，SNS で拡散・推奨を積極的に行う．また，AI・ビッグデータなどデジタル技術・サービスの発展により，これまでわからなかった潜在的な面も含めて「個人の消費思考・行動」が個人単位でわかるようになり，「1 対 1 (One to One) マーケティング」が現実化する．マーケティング 4.0 における重要な変化は「デジタルマーケティングの本格化」である（詳しくは後述）．

　すべての段階は連続しており，特定の年代で切り替わるわけではなく，時期的にも重複しながら発展している．注目したいのは，マーケティング 2.0 と 3.0 の間には大きな転換点があるということである．マーケティング 3.0 以降は，顧客として「個」を見つめるだけでなく，人と人や，人と組織とのつながりを意識して「社会的存在」として捉え，それを対象にマーケティングを設計・実施している．

　さて，マーケティング 5.0 は，コトラーたちが 2021 年春に発表する．どのような内容であろうか．

14.1.2. "若者世代" とマーケティングの関わり

　ここで，マーケティング概念の発展を日本社会と関係づけて理解するために，日本の経済社会の動きや情報化・デジタル化の進展，およびマーケティングとの関係について取り上げる（**図表 60**）．

　消費社会とマーケティングに新たな変化を及ぼすのは，いわゆる "若者世代" である．「X 世代」の議論から始まり，その後の「Y 世代」を経て，最近は「Z 世代をどう理解し，顧客として取り込むか」が話題になっている．最近では，"Z" の次として「α 世代」が持ち出されている．

　上記の呼称が海外に由来するものなのに対して，「バブル世代」「団塊ジュニア」「ロスジェネ世代」「ゆとり世代」などは，日本独自のものである．このように消費を牽引する世代の行動についての風潮は，購買行動にも大きな影響を

及ぼすであろう．

これには，インターネットやモバイルの普及などが大いに関わっている．

2020年からのコロナ禍を契機に，"若者世代"の特徴にも新たな変化が起きると予想される．まず，「X世代」から始まり「α世代」につながる最新進化型を「デジタルα世代」とし，「バブル世代」から始まる流れの先は「ポストゆとり」を経て，「ニューノーマル（新しい日常）世代」と名づける．

両者とも本質的には同じである．この新世代は，コロナ禍によりテレワークやオンライン学習が中心の仕事や教育現場，そして，ソーシャルディスタンスをとる必要が生じて消費行動を大きく変えざるをえなくなるなど，従来の産業社会のあり方が根底から大きく変わった現実を目の当たりにしている．

デジタルを活用すれば地方でもオンラインで仕事ができるなど，まさにデジタル変革を，身をもって体験しているのである．そのような世代は，従来の働き方やライフスタイル，価値観が大きく揺らぎ，デジタル社会の「ニューノー

図表60　"若者世代"の変遷と情報化社会，マーケティングの進展

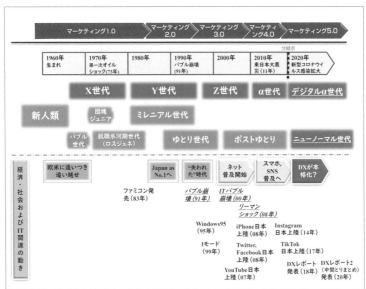

注：マーケティングX.0の年代はあくまで目安である．
出所：日経MJ（2021年1月4日）記事等の各種資料を基に筆者作成

マル（新しい日常）」を前提とした生き方を模索するのである．まさに，単なる「α世代」でなく，マインドセット面で変化した「デジタルα世代」とも呼べよう．

　このように，**図表59**のマーケティング5.0の空欄に埋めるべきキーワードが想像できるかもしれない．

　従来，消費者は大衆（マス）としてマーケティングの対象となっていた．しかし，インターネットに代表されるメディアや通信手段の発達によって，一人ひとりの個人として捉えられるようになっている．時代が進む中で，消費をするだけの存在としての「消費者」ではなく，より広い意味をもつ「顧客」として企業も認識するようになっている．

　インターネットの普及と進化が進むなか，ソーシャルメディアを通して消費者同士のつながりが強くなると，消費者は独立した「個」ではなく，つながりをもつ存在として意識されるようになっている．同じ興味関心をもったコミュニティなどがインターネット上で作られるようになると，それを対象とした効果的なマーケティングを行えるようにもなっている．

　このような流れからわかるのは，インターネットの普及によって消費者の声を聞きやすい環境が生まれたこと，消費者との接点が増えたことである．それによってより効果的なマーケティングを行い，販売促進につなげられる可能性が高まっている．

14.2.　購買モデルからカスタマー・ジャーニーへの発展

14.2.1.　AIDMA モデル

　消費者の購買行動のプロセスは，一般的に「注意を惹く（Attention）」→「興味・関心をもつ（Interest）」→「欲する（Desire）」→「記憶する（Memory）」→「購買に至る（Action）」を辿るとして，従来のマーケティング用語でAIDMA（アイドマ）モデルで説明されていた．

　これは，「ひとつの商品に対し注意を払い，関心をもち，ほしいという感情を抱き，その欲求が強いと商品が記憶され，最終的に購入に至る」というプロセスを想定している．AIDMAのプロセスに合わせたプロモーション活動を行

うことが，販売成功につながる重要なポイントとされてきた．また，注意や関心を引く段階までが広告であり，それ以降の段階では広告よりも人的販売の方が大きな影響を与えるとされている．

14.2.2. AISAS モデル，AISCEAS モデル

インターネット普及によって起こった第1段階の変化は，消費者が商品についてインターネットで検索し調べるようになったこと，そして購入した商品についてインターネットで情報を発信し，他の消費者と共有するようになったことである．AIDMA モデルに検索（Search）と共有（Share）を加えて，AISAS（アイサス）などと呼ばれている．従来は商品についての情報を得るのは難しかったが，インターネットによって，容易に検索と共有が可能となった．

さらに，このプロセスを拡張して AISCEAS（アイシアース）と呼ぶこともある．商品について調べるだけでなく，比較（Comparison）して，じっくりと検討（Examination）するプロセスが加わっている．インターネットによって購入までの手間が省けただけでなく，従来はできなかったプロセスの経験が可能となっている．場合によっては時間をかけて調べ，考えることでより満足のいく買い物ができるようになっている．

インターネットショッピングの利用実態（購入スタイル）に着目すると，検索して購入するスタイルが多いことがわかっている．

図表 61　インターネットショッピングにおける購買プロセスの変化

出所：総務省（2011）『平成 23 年版　情報通信白書』p.61

　スマートフォンの普及でショッピングでの利用はますます手軽になってきており，今後も高まっていくだろう．

14.2.3.　5A（カスタマー・ジャーニー）モデル

　マーケティング 4.0 の概念では，顧客は「消費・購買行動をとる存在だけ」でなく，顧客個人の本人そのもの（全人格）を理解し，一連の購買行動を「カスタマー・ジャーニー（顧客が行っている旅）」のひとつとして捉えようとしている．

　図表 62 で説明する．カスタマー・ジャーニーにおいては，「楽しそうだと関心を持ち〔第 1 段階〕，経験し〔第 2 段階〕，そしてエンゲージメント（思い入れをもつ，深く関わる）〔第 3 段階〕という流れ（Y 軸）が進む過程で，A1〜A5 にあるようなプロセスに進む可能性が生まれる．A1〜A3 は従来の伝統的マーケティングが大きな役割を果たしうるが，A4 と A5 にまで進むことが望ましく，それにはデジタルマーケティングが大きな威力を発揮できるのである．これを

図表 62　マーケティング 4.0 「5A カスタマー・ジャーニー」

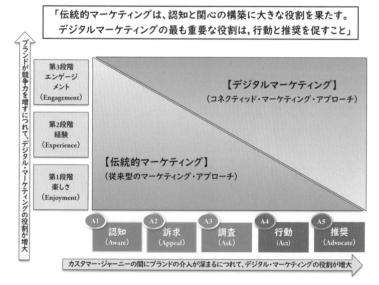

出所：コトラー，フィリップ他（2017）『コトラーのマーケティング 4.0』朝日新聞出版，p.86 を基に作成

5A（カスタマー・ジャーニー）モデルという．

A5 推奨まで到達すると，SNS 等での拡散など，デジタルマーケティングが大いに威力を発揮できるようになる．

14.3. マーケティング手法の多様化

コトラーがいうマーケティング 3.0 以降，デジタル活用によるマーケティング手法は多様化している．ここでは特徴的なものを紹介する．

14.3.1. SNS マーケティング，インフルエンサー

SNS を活用したマーケティング「SNS マーケティング」は個人も企業も注目している．個人は自分の好みや考えを SNS で発信して他者とつながることで，その影響力を増やすことができる．企業は，支持者（フォロワー）が多い SNS ユーザーを賛同者として，ビジネス的な成功を収めようとする．

このように SNS の支持者の多い「インフルエンサー（影響力をもつ人）」による，またはその人を活用したマーケティングを「インフルエンサーマーケティング」と呼ぶ．インフルエンサーのレベル分けに一般的な定義は存在しないが，およそ**図表 63** のように整理できる．

図表 63　インフルエンサーの分類

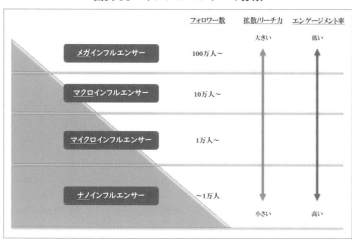

　インフルエンサーの分類から，「フォロワー数」と「拡散／リーチ力」は正比例する．一方，フォロワー数が 100 万人以上のメガインフルエンサーよりは，数千から 1 万人程度のナノインフルエンサーの方が，エンゲージメント率（閲覧者が“いいね！”や“シェア”などをする比率）が高いといわれている．

　企業が自社製品・サービスの広告・宣伝などを依頼する場合，最近注目されているのが，ナノインフルエンサーである．メガインフルエンサーは支払額が巨額になりがちなのに対して，ナノインフルエンサーなら，支払額を抑制しながら，エンゲージメント率が高めなので商品・サービスの実際の販売促進に繋がりやすいとされているからである．また，もし成果が得られなくても，同分野の他のナノインフルエンサーに代替すればよいので，リスクヘッジにもなる．

　主なインフルエンサーとしては，YouTube を使う「ユーチューバー」や，Instagram を使う「インスタグラマー」などが知られている．最近では，VR 技術を活用した「V チューバー」もある．

　さまざまなツールを使った多様なインフルエンサーが急増しているため，これらと契約して一般企業の広告宣伝に仲介する新ビジネスも誕生している．

14.3.2.　xR（VR，AR，MR）と顧客体験価値

　デジタル時代の新技術として注目されているのが，VR や AR で知られる「xR（x Reality, クロスリアリティ）」である．VR 機器は実はかなり以前からゲーム産業などで使われていたが，端末の価格が高止まりして，なおかつ用途が限定されることから，それほど普及は進んでいなかった．

　2000 年代に入り，毎年のように「今年は VR 元年」などとマスコミで取り上げられたが，爆発的な普及とまではいかなかった．ただ，ゲーム産業以外に，長崎にあるハウステンボスの VR 館などに代表されるように，テーマパークでエンターテイメント目的に利用されたり，住宅産業では新築やリノベーションのイメージを掴んでもらうために利用されたり，医療でのトレーニングや危険な生産現場での対策シミュレーションに使われるようになった．

　VR はよく聞くが，任天堂社のゲーム機など AR も広く利用されている．これらの概念と関係を整理すると，次のようになる（**図表 64**）．

図表 64　xR（VR，AR，MR）の概念

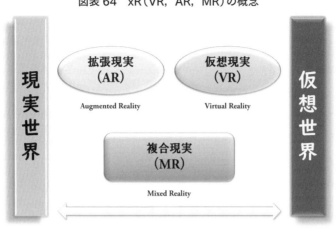

※この他，現実の世界と過去の映像を混同させて，あたかも存在しているように
錯覚させるシステム SR（Substitutional Reality：代替現実）がある．

（1）VR（Virtual Reality，仮想現実）

　VR とは，「仮想の世界を現実のように体験できる技術・サービス」である．
CG（コンピューターグラフィックス）や 360°カメラで撮影した全周囲映像を，
VR 用のヘッドマウントディスプレイを使って体験できる．360°の仮想空間の
中で没入感を味わうことができる．ソニーのゲーム機などで VR 機器が広く用
いられており，ゲームなどのコンテンツとして広まっている．また，スマート
フォンをセットして手軽に利用できる VR ゴーグルが増えて低価格化も進んで
おり，手軽に入手できるようになっている．

（2）AR（Augmented Reality，拡張現実）

　AR とは，「現実の世界に仮想の世界を重ねて（拡張し）体験できる技術・サー
ビス」である．スマートフォンやヘッドマウントディスプレイを使って，現実
世界の場所・空間の映像に，仮想世界のデータや画像を重ね合わせて「現実世
界の拡張」を体験できる．

　古くは任天堂のゲーム機に適用されたりしているが，最近は新聞紙上にスマ
ホをかざすと AR 技術で記事の上に映像が見られるようになっている．また，
スウェーデン発祥，世界最大の家具販売企業である IKEA は，AR によって自

分の室内の映像の上に IKEA の家具の映像を重ねて，購入前に配置やイメージを確認できるアプリ「IKEA Place」を提供している．

(3) MR（Mixed Reality，複合現実）

　MR はあまり耳慣れないことがだが，端的にいえば VR と AR を「複合利用」して，「仮想世界と現実世界を密接に融合させる」ものである．

　AR は現実世界の上に仮想世界の情報を表示させて現実を「拡張する」ものだが，MR では現実世界と仮想世界をさらに「重ね合わせ／複合」する．

　現実世界の中に仮想世界の 3D データが浮かびあがったり，逆に VR のように仮想世界から現実世界を覗いてみたりと，さまざまな形での融合が考えられる．例えば Microsoft のサービスを使えば，パソコンやクラウド上にあるモノのデータを現実空間の中に 3D 表示できる．美術展の鑑賞などエンターテインメント利用であったり，建設業では遠隔地で 3D データを共有して事前検証や作業の効率化を図ったりしている．この他，遠隔地向けのリアル感のあるオンライン教育やエンターテインメント分野，医療分野などでの利用が期待されている．

　VR，AR，MR 以外にも，SR（Substitutional Reality，代替現実）などの研究も進んでいる．例えば，過去に実際に発生したことを映像にして，まるで今それが起きているように感じることができる技術である．まだ研究途上であるが，過去の現実世界のできごとを仮想世界に現出させて追体験できるというもので，SF 小説・映画などで語られるイメージに近い．

　このように VR，AR，MR，SR など新たな技術・サービスとその組み合わせが生まれている．その総称が，「x（クロス＝未知数を表す）」を使って「x Reality（クロスリアリティ）」である．xR を活用することで，現代のマーケティングで重要視している顧客体験価値（カスタマー・エクスペリエンス）を，新たな形で生み出すことができる．だからこそ，Facebook や Microsoft など GAFAM も xR 技術や端末の開発に力をいれており，新たなタイプの顧客体験価値を提供するマーケティングを模索している．

14.3.3.　マーケティング・コミュニケーションとデジタル

　企業は，魅力的な製品，サービス，経験の機会を考案するとともに，それを

適切・的確に伝えるために顧客とコミュニケーションをとる必要がある．マーケティング・コミュニケーションである．

14.4. インターネットと広告

14.4.1. インターネット広告の特徴と分類

　インターネット広告の特徴は，特定のユーザーに対して効率的に広告展開でき，精度の高いターゲティングが可能な点である．例えば，ユーザーの属性や位置情報から各ユーザーにとって有益な情報を割り出し，それに関連する広告を即座に送信できる．その他，ユーザーが検索エンジンで検索したキーワードや閲覧履歴からそのユーザーの好みを分析して，そのユーザーにあったコンテンツを新たに表示して効率的にアプローチすることも可能である．このような機能を，リコメンデーション機能という．Amazon などがこの分野で非常に進んでいる．ただし，消費者にとっては，自分が閲覧しているサイト上に何度も類似の広告が表示されるので，不快感をもつ場合もあるため，適切な表示がどの程度・どのようなものかを慎重に検討する必要がある．

図表65　インターネット広告の種類と利用目的のイメージ

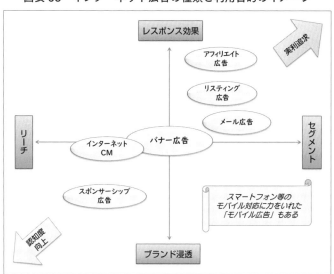

　また，一方的に広告情報を発信するだけでなく，ユーザーからの意見を汲み取るように双方向のコミュニケーションをとったり，ユーザーが発信した情報を広告として利用したりすることもできる．また，一人のユーザーから他のユーザーへと口コミで広がることも可能である．このような，口コミなど「消費者が生成するメディア」をCGM (Consumer Generated Media) と呼ぶ．代表的なものとして，食べログ，価格.com などがある．ただし，以前，食べログで話題になったように，投稿者が特定の店舗からお金をもらってその店舗の評価を高くするといった問題も発生しており，CGM をそのまま鵜呑みにするのは賢明とはいえない．そのような不正を防ぐ仕組みの導入が求められている．

　次に，インターネット広告の主な種類と内容について述べる．

(1) バナー広告

　Web サイト上にバナー (広告の画像) を貼り，クリックすると広告主の Web サイトにつながる形態の広告で，広く活用されている．

　少しでも多くの人に見てもらいたい，つまりインプレッション効果を重視する場合は，Web サイトの閲覧数が多いほど掲載料金が高くなる仕組みがとられている．一方，バナーをクリックして Web サイトを訪れた人が実際に商品を購入する実績につながった場合のみ費用が発生する成果報酬型もあり，確実に成果を得たい場合は，クリック課金型のバナー広告が効果的である．

(2) リスティング広告

　リスティング広告とは，広告主があらかじめ指定したキーワードがユーザーに検索されたときに，その検索結果ページに広告を表示させる方法である．それには，ユーザーの検索したキーワードに直接的に連動する「検索連動型広告」と，Web サイトに掲載されているコンテンツの文脈やキーワードに関連性が高い広告を配信する「コンテンツ連動型広告」がある．

　「検索連動型広告」の代表的な例は，Google や Yahoo! JAPAN などの検索結果画面に掲載される広告である．

　リスティング広告は，クリックされた回数に応じて費用が発生するため，クリックしなかった人 (興味をもたなかった人) に対する無駄な費用をかけなくてすむというメリットがある．月間予算も広告主が決められる．クリックごとの

単価（CPC：Click Per Cost）はキーワードごとに入札方式で決定されるが，人気のあるキーワードは非常に高くなる場合もある．例えば，「ICT　教材　通信」などの，いわゆるスモールキーワード（対象が狭いキーワード）を追加してキーワードを絞り込むことで，高い精度で見込みのあるユーザーを絞り込むことができる．

（3）スポンサーシップ広告

Webサイトの内容に関連する商品やサービスの広告を表示する形態である．Webサイトを閲覧しているユーザーにターゲットを絞れるほか，文章の中などにリンクを貼っておくことで，広告と思わせずに自然にユーザーを広告主のサイトに誘導できるというメリットがある．

（4）インターネットCM／動画広告

動画・音声・音楽などを加えたリッチコンテンツでメッセージを伝えやすくしたもの．インパクトが強く，伝えられる情報量も多い．YouTubeなどの動画共有サイトを用いてCMを公開する企業が着実に増えている．最近では，民間企業だけでなく，自治体が地域活性化などのために利用する例もみられる．個人がネット上で見た場合，SNSなどを用いて情報を広めやすいため，口コミで広告効果が期待できる．

　インターネット通信の速度向上や低価格化，モバイル端末等の大容量化・高機能化して，パソコンとモバイル端末ともに動画広告が急成長している．

（5）アフィリエイト広告

Webサイトに広告主のWebサイトへのリンクを貼り，そのWebサイトを経由して会員登録や商品購入，資料請求などの実際の成果等が出た場合に掲載Webサイトに対して報酬が支払われるという，成果報酬型の広告である．広告の表示回数ではなく成果に対しての報酬が支払われるので，費用対効果は比較的高いといえる．

（6）メール広告

電子メールを利用したサービスに挿入される広告で，ユーザーがメールを開封して閲覧しない限りユーザーの目に入ることはないことから，インターネット広告の中では数少ないプッシュ型の手法である．メールの開封率を上げるた

めに，興味関心をひきやすいタイトルやレイアウトにすること，内容を充実させること，送信日時に配慮することなどが必要である．

　配信の形態のひとつに，メールマガジン型広告がある．メールマガジンの購読者に登録しているユーザーを対象に広告メールを配信する．ユーザーに一定の関心があることが見込まれるため，ユーザーの潜在的なニーズを喚起させて行動を起こさせる販促手段といえる．購読者の中でも年齢や性別，年収，興味関心など登録時の入力情報から対象をより絞り込む場合は，ターゲティングメール広告という．

(7) モバイル広告

　スマートフォンなどモバイルによるインターネット利用が急増しており，モバイルの特徴を活かした広告の開発が活発になっている．

　スマートフォンについては，ブラウザ上でパソコンの Web サイトを閲覧する方法，スマートフォン専用のサイトを閲覧する方法，そしてスマートフォンアプリで閲覧する方法がある．Web サイト上での広告はパソコンの場合と違いはないが，アプリではさまざまなコンテンツを提供しやすく，その内容も多岐にわたっている．また，位置連動型広告や，ワンクリックで電話をかけ，店舗で画面を見せればいい電子クーポンを配布するなど，モバイルならではの特徴を活かした広告が可能である．

　また，従来型携帯電話の性能もよくなっているため，画像を用いた宣伝も行われている．モバイルの場合はピクチャー広告と呼ばれる．

　一般的に，インターネット広告は「プル型広告」と「プッシュ型広告」に分類できるといわれる．プル型は，"待ちの広告"とも呼ばれ，消費者の需要を喚起し，その需要を企業の利益へと誘導していく方法である．一方，プッシュ型広告は，"攻めの広告"とも呼ばれ，ユーザーに対してダイレクトに働きかけていく方法である．モバイル向けの動画広告は急成長しており，今後も継続的に成長していくであろう．

　リスティング広告は，一般的に「プル型広告」と呼ばれていたが，ユーザーが検索したキーワードに連動して広告を表示する「検索連動型広告」などは，

プッシュ型の一種ともいえる．このように，プル型とプッシュ型を組み合わせてさまざまな広告が実践されている．

インターネット広告にどのような効果を求めるのかを考え，適切な方法で必要に応じて複数の方法を組み合わせながら活用していく必要がある．

14.4.2. 評価・効果測定

実施したプロモーションが，どの程度の規模で，どのようなユーザーに，どのような効果があったのかを可能な限り正確に評価・検証することは，マーケティング手法の改善に必要である．基本的に，インターネット広告の場合は，まずアクセス履歴等を集計する「アクセス解析」を行い，複数の具体的な指標を用いて効果測定を行い，その結果をもとに改善に取り組むこととなる．

次に，「アクセス解析」と「効果測定」について取り上げる．

(1) アクセス解析

アクセス解析では，自社のコーポレートサイトや特設サイトなどを，訪問者がどのような経路で訪問したのか，どの程度の時間閲覧していたのか，サイト内での行動履歴，またページビュー数などを解析する．実店舗における顧客の買い物の行動を見るように，インターネット上でのユーザーの行動履歴を確認することで，Web サイト等を効果的に改善する点を見つけるようにする．

アクセス解析は，自社で行う場合と外部に委託する場合がある．アクセス解析用の手段としては，サーバーに残っているアクセスログを解析する「サーバーログ型」，解析したいサイトにタグ（ビーコン）を埋め込み，サーバーログ型ではわからない動きも把握する「ビーコン型」，Web サーバ上のアクセス情報をリアルタイムで読み込み解析する「パケットキャプチャ型」などがある．

アクセス解析用ツールとしては，Google Analytics（グーグルアナリティクス）が最も有名である．

(2) 効果測定

効果測定を考えるうえで，まずは指標が重要となる．KPI（Key Performance Indicator）とは，解析ツールを用いてマーケティングの効果を測定するための各種の指標の総称である．KPI には，ある Web サイトの各ページが閲覧され

た回数の合計である「ページビュー(PV)」，サイトを訪問した“のべ人数”である「ユーザー数(訪問者数)」や純粋な訪問者数を表す「ユニークユーザ数」，インターネット上で広告がクリックされている割合を示す「クリック率」などさまざまなものがある．KPI は数値化できるもので，マーケティングの目標に直結している数値を選ぶ必要がある．

　KPI に基づいて効果測定を継続的に行いつつ，必要なデータが得られていないと思われる場合は，数値化できる新たな指標の設定も検討を加える必要がある．その結果を踏まえてマーケティング手法を改善していくことが重要である．

14.5.　パブリックリレーションズ(PR)

　パブリックリレーションズ(PR)は，商品の購入を直接訴えるのではなく，商品やサービス，企業について説明をすることで，それらの認知度をあげることを目的としている．

　つまり，パブリックリレーションズ(PR)とは，広告のように購入してもらうことを直接的に目指すというよりは，顧客と長期的で安定した良好な関係を構築・維持することを重視したマーケティングだといえる．

14.5.1.　検索における PR

　企業やその商品，サービスについての認知度をあげるために，まず存在を知ってもらわなければならない．そこで活用されるのが検索エンジンである．さらに認知を実行に移すために，さまざまな工夫が必要である．

　多くのユーザーは，興味関心がある事柄について検索エンジンを利用して検索する．したがって，検索結果の上位に表示されれば，効果的な PR となり，集客につながる．

14.5.2.　イメージ戦略

　パブリックリレーションズ(PR)の目的は，先に述べた通り，安定した顧客の獲得である．そのために必要なのは，「イメージ戦略」である．まず，企業や商品，サービスについて消費者に知ってもらうために，説明，紹介を行うこ

とが重要である．興味関心をもってもらった消費者とは，双方向のやりとりを行うなどして良好な関係を築くこともできる．

　実際に行われているパブリックリレーションズ（PR）は，新商品を紹介したり，企業の理念や活動について報告したりする．また，ブログを通して活動状況を知らせること，親しみやすいキャラクターを作って企業活動以外の場でも目に触れる環境を作ることなどを通して，日々の生活の中で消費者によいイメージを残すことである．直接的な成果にはつながらないが，消費者の中に企業やその商品・サービスのブランド・イメージを定着させ，安定した顧客を獲得することを目的としている．印象的な企業のホームページやロゴを作成することも有効である．

　これらの情報について，消費者同士のやりとりも重要となる．SNSなどを利用すれば，口コミが爆発的に増大する可能性がある．どのような口コミがされているのかを監視しながら，バイラルマーケティングやバズマーケティングを取り入れて，うまく拡散させることで，認知度をあげて人気がでることを目指すのである．

　現在は，一方的な情報発信ではなく，顧客とのコミュニケーションを重視する傾向にある．投稿やコメントによる顧客とのやりとりを通して，顧客とのつながりを強くすることを目的としている．クレームに対する丁寧な対応なども，企業のイメージ向上につながるため，顧客の声を聞きやすい環境が整備されている．また，消費者同士のつながりも拡大し，顧客の増加を図る．

14.6. 課題と展望

　マーケティングにインターネットを活用することで，顧客のニーズを把握しやすくなっている．モバイル＆スマートやソーシャルメディアの普及で，膨大なデータの蓄積がなされている．これらを使って十分なリサーチを行い，的確に分析することで，顧客自身も自覚していないニーズを満たす商品やサービスの開発を行うことが可能となっている．

　また，個々の嗜好に合わせたプロモーションも可能となり，無駄なコストを省くこともできる．ネット上でのやりとりはすべて情報として蓄積されるため，

その分析は効果的なマーケティングを行うために非常に重要なデータとなる．AI，IoT，ビッグデータの実用化により，この実践がさらに高度化している．

このような動きを整理する形で，コトラーが唱えるマーケティングの概念は3.0 → 4.0 → 5.0 と進展している．その最重要キーワードとなるデジタルマーケティングの概念はいまだ曖昧な面もあり，発展途上ともいえる．また，インフルエンサーマーケティングにみられるように，顧客がマーケティングの先導者になっている点も忘れてはならない．

O2O から OMO に移行しているといわれるように，またコロナ禍の影響もあり，ネットとリアルでは前者の存在感が否応なしに増している．さらに，xR技術の進化と普及により，デジタルを通じた「リアル感」に変化が訪れている．

しかし，オンラインだけで顧客のすべてをつかめるかどうかは，顧客のデジタルリテラシーにも左右される面があり，それほど単純ではないであろう．

インターネットによって顧客と接触しやすくなっている一方で，対面での接触の機会は減っているが，それゆえに貴重な「瞬間」ともいえよう．これからの OMO のあり方も含め，実社会とインターネット上の双方における接触を大切にし，さまざまな方法を組み合わせた有効なマーケティング手法の開発に取り組むことが重要だといえる．

《発展学習のポイント》

1. あなたは現代の若者の消費トレンドをどのように分析し，それに適したデジタルマーケティングの活用方法を考えてみよう．

2. 企業のデジタルマーケティングの実例に対して，AIDMA，AISAS，5A等の各モデルを適用して分析してみよう．何が優れて，何が課題であろうか．

3. インターネットとそれ以外の手法を組み合わせて，顧客の関心をどのように引きつけられるだろうか．

4. インターネット広告の優れた例や，OMO，O2O のユニークな例を探し，その成功要因を分析しよう．

第 V 部
デジタル活用の新領域への拡張

第 V 部では，デジタル活用が新しい領域に拡張している動きを把握するため，特徴的な分野をいくつか取り上げる．

「働く」×デジタル

人が仕事をするうえで，IT・デジタル活用は古くから注目されている．そして，コロナ禍の影響により特に加速化している分野が，「テレワーク」である．

15.1. 多様なテレワーク

テレワークとは，インターネット等の情報通信技術を活用してオフィス以外の自宅等で仕事を行う働き方のことである．テレワークは，企業に雇用されている被雇用者を対象とした「雇用型テレワーク」と，個人事業主・自営者を対象とした「自営型テレワーク」の2つに大別される．

また，働く場所が「自宅」か「自宅外」で呼び方が変わることがある．特に，

図表 66　テレワークの分類

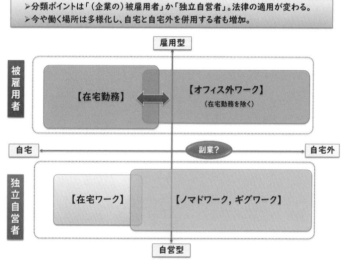

注：「副業」は境界線上

独立自営者の場合は，自宅外で働くのを“ノマドワーク”などと呼ぶこともある（図表66）．

　近年は，外出先でWi-Fi環境の整備が進むなどインターネットを使える環境が増えたり，モバイルルーターを自分で用意したりして，自宅でも自宅外でもテレワークをするのは容易になっている．また，ノマドワーカーが外出先だけでしか仕事をしないわけではなく，家で仕事をすることもある．コワーキングスペースで両者が仕事をすることもある．さらに，コロナ禍以降は，遠方の観光地などで仕事をしながら合間に休暇も楽しむ「ワーケーション（WorkとVacationを組み合わせた造語）」の促進が図られている．あらためて考えると，働く場所が自宅か自宅外かの重要性は低下している．ただ，自宅外の方が情報を盗まれる可能性が高くなるので，より注意は必要になる．

　最近は「副業」を推奨している企業も増えている．「副業」をする人は，本来の立場は企業に雇用されている被雇用者だが，仕事としては独立自営者のようにITを活用してノマドワーカーのように働く場合もあるので，境界線上に位置することになる．

　企業と個人の関係はこれからも変化していくので，このような各分類も相互に重なりあっていくことが増えていこう．

15.2.　雇用型テレワーク

15.2.1.　これまでの経緯

　雇用型テレワークは，インターネットが日本で普及を始めて以降，次のような課題の解決に役立つと期待されている．

①多様な働き方の実現（勤務継続や就業機会の確保）

・育児や介護などと仕事の両立

・高齢者・女性・障害者などの就業機会の拡大

・地方など遠隔地在住での勤務継続　等

②ワーク・ライフ・バランス（「仕事と生活の調和」）の実現

・家族と過ごし，自己啓発する時間の増加

・出勤と在宅勤務を組み合わせることで，メリハリのついた仕事と家庭生活の

両立　等

③生産性（経営効率）の向上

・多様な人材の確保と流出防止，労働力不足への対応
・移動より顧客対応自体に時間を使うなど機動的な顧客対応
・オフィススペースや通勤コストの削減　等

④非常災害時などの事業継続

・台風や地震などの非常災害時や，コロナ禍などパンデミック（感染症流行）時
　での事業継続（「BCP（事業継続計画）」の実現）
・オフィスの分散化によるリスク軽減　等

⑤環境負荷

・交通代替，オフィス省力化による消費電力やCO_2の削減　等

　以上の①〜②は「被雇用者目線」，③〜④は「企業目線」，⑤は「社会目線」に分類できる.

　2000年代に入り，①〜③の議論が高まる中で政府も企業もテレワーク導入に取り組んできたが，「オフィスにいてこそ仕事をしている」「目に見えにくい根回し・調整が必要」といった労働観や組織文化，人事制度整備の遅れ，通信環境整備の困難さなどからそれほど進まないままであった. 2011年3月11日の東日本大震災の発生により，首都圏でも本格的にBCP（業務継続計画）を実行するため，テレワークの制度整備の必要性が強く認識された.

　しかし，数年経つと徐々に記憶も薄れ，テレワークの制度整備と実行に熱心な一部の企業と，そうでない企業に分かれてしまった. 折しも「働き方改革」の機運で力を入れる企業が増えてきたなか，2020年からのコロナ禍の緊急事態宣言下ではホワイトカラー労働者を中心に7〜8割のテレワークを実施する企業がでてきた. さらに，コロナ禍の先行きが見通せないことからオフィススペースを縮小してテレワークを本格導入する企業も登場した.

　コロナ禍が解消されれば，また，テレワークを戦略的に活用しようとする企業と，前の状態に後戻りする企業とに分かれていこう.

15.2.2. 主な課題

日本企業で雇用型テレワークの普及を阻害する要因と考えられる対応策としては，次のように整理できる．

(1) 情報通信・インフラおよび運用面

テレワーク用のパソコンやモバイルルーターの貸与，通信費の負担，VPN（Virtual Private Network）サービスの導入などが必要になる．どれほどコストをかけるかは経営判断になる．

実際に導入する場合は，運用マニュアルの制作や，社員のセキュリティ意識やITリテラシーの向上のためのトレーニング等も必要になる．

(2) 働く文化，人事制度

「対面でないと不安」「テレワークに適した仕事がない」「労務管理が難しい」などという意見も未だに多い．しかし，1人だけでなく多数の社員がテレワークを実施していれば，疎外感もなくなる．また，Zoom等のオンライン会議システムの導入で誰でも会議等を実施できるようになっており，テレワークに特化した仕事を探さなくてもよい面もうまれている．

営業など顧客対応の際にオンライン化することで，訪問のための移動時間を削減して顧客対応にその時間を使えるようになったことで，顧客満足度の上昇や新規顧客の獲得につながったという企業もある．労務管理面では，先進企業がすでにさまざまな制度整備を行っているので，参考になる．

今回のコロナ禍を，自社の企業文化，人事制度，働き方などを大きく見直す機会にできるかどうかは，これからのデジタル時代での競争優位に影響していくと思われる．

15.3. 自営型テレワーク

自営型テレワークとは，企業の被雇用者ではなく，独立した個人事業主が，インターネット等を経由して，企業等から仕事の発注を受けて実施し，その対価を得る働き方である．

15.3.1.　これまでの経緯

　自営型テレワークが日本でどのように誕生し，広まってきたのかを整理する．

(1) 2000 年代〜

　インターネット革命と呼ばれた 2000 年頃から IT ブームの波に乗って，「在宅ワーク」「SOHO」などと名づけられて始まった．その頃，発注の多くは，以前の勤務先や個人的な伝手 (つて) による「直接請負」か，在宅ワーク業務を発注者から包括受注して，在宅ワーカーに割り振る「仲介機関」といったルートを経て実施された．

　2000 年代半ばからは，IT 不況や企業の情報管理体制の強化による外部委託業務の絞り込みなどにより漸減状況にあった．その後は通信回線利用の低価格化，モバイルの普及，IT サービスの多様化と飛躍的な発展で環境整備が進んだ．

　そして，クラウドサービスの普及により，仕事の受発注をすべてインターネットのプラットフォーム上で行えるクラウドソーシング (15.3.2 にて詳述) が 2010 年代初めから日本でも広がり始めた．

　そもそも，クラウドソーシングは 1990 年代末頃から欧米諸国ではじまり，特に 2007 年の世界金融危機後に欧米諸国を中心に急成長したものである．日本でも 2012 年頃から一気に認知が進み，参入企業も急増した．

　クラウドソーシングの登場により，在宅ワークは「育児中の母親が，自宅でパソコンを使って行う内職的な仕事」という旧来のイメージが大きく変わり，求職中の若者やシニア層の "働く機会の創出" に役立つとして，在宅ワークにあらためて注目が集まっている．特に，シニアが生活費の足しにするとともに，新たな楽しみを求めて，クラウドソーシングに参入している点は注目される．

　今後，雇用が流動する中で，クラウドソーシングは新たな働き方の手段として，また，発注側にとっては新しいアウトソーシングの手段として，拡がっていくことが予想される．

(2) 2010 年代〜

　自営型テレワークを取り巻く重要な動きは，自営型ワーカー側と発注 (企業) 側の両方におきている．

①自営型ワーカー側

従来，在宅で仕事をする，いわゆる在宅ワーカーといえば，子育て中の主婦が中心であった．ところが，前述したように，これまでの長期的な不景気によりリストラにあったシニア層（主に男性）や，定年退職後に"第2の人生"として働き続けたいというシニア層（男性・女性の両方）などが着実に増えている．就職活動が不調だったり，就職してみたが職場があわなかったりといった受け身の理由だけでなく，積極的に個人で独立して自分のスキルを活かしてみたいという若者も増えている．また，子育てなどで仕方なく退職したが，子育てが一段落すればまた再就職したいので，それまで"キャリアの空白期間"を作らないために在宅ワークに取り組む，とキャリア形成の一環と位置づけて積極的に活用する人もいる．

このように，クラウドソーシングで働きたい受注側の人とニーズの多様化は着実に進んでいる．だれでもクラウドソーシングに容易に取り組めるようになっていることから，今後もワーカー側の多様化は進むと考えられる．

②発注（企業）側

最近のもうひとつの興味深い変化は，実は仕事を発注する発注側である．従来の在宅ワークの発注企業といえば，外注費のコスト削減のための中小企業が中心であった．ところが，欧米の大企業がクラウドソーシングを使って新製品開発のアイデアを募集したり，利用者側の意見を集めたりして成功している例がマスコミで宣伝されたりしたこともあり，日本の大企業も似たような活用方法に積極的になっている．クラウドソーシング事業者の増加やプラットフォームの利便性の向上なども，それを後押ししている．

15.3.2. クラウドソーシング

(1) 概要

自営型テレワークの普及を大きく後押ししているのが，クラウドソーシングである．クラウドソーシングを具体的に定義すると，「クラウドソーシング事業者が提供するインターネットのプラットフォームを通して，不特定多数（群衆＝crowd）の外部の人に業務を発注・アウトソーシング（outsourcing）するイ

ンターネット上の仕組み」といえる．クラウドソーシングとは，文字通り，"crowd" と "outsourcing" を組み合わせた造語である．

クラウドソーシングが急成長する背景には，主に次のような要因があげられる．第1に，ITの技術革新とスマートフォンやタブレットパソコンなど通信機器の利便性向上，さらにインターネットのクラウドサービスの浸透等により，仕事の受発注が根本的に容易になったことだ．第2に，グローバル競争が激しくなるなか，業務のスピード重視とともに，企業の不特定多数の智恵やスキルを活用する「集合知」活用への関心の高まりだ．第3に，業務を内製化する場合の構造的な高コスト負担への対応や外注コスト削減ニーズなどのコスト面がある．第4に，仕事を請け負う受注側と，仕事を出す発注側の大きな変化があげられる．受注側では，若者を中心とした労働者から会社に縛られずに自由な働き方を求める声がある．一方で，シニアが収入や生きがいを求めて手軽に働きたいというニーズも増えている．

発注側では，日本では世界最速の少子高齢化が進むなか，今後の労働力不足が懸念されている．その面からもクラウドソーシングはITを活用した「働き方革命」として注目されているのである．

(2) 実際の活用方法

クラウドソーシングのサービスでは，まず，仕事を発注したい企業と仕事を請け負いたいワーカーが，クラウドソーシング会社のWebサイトに登録する．

受発注方法としては，コンペを行いその中から一人の作品を採用する「コンペ方式」や，提案を募集して選んだワーカーに発注する「プロジェクト方式」などさまざまな形態がある．最近では，時間制で業務を依頼して報酬を支払う「時間制方式」などもある．業務内容は，グラフィックデザインやWeb制作から，データ入力や記事作成まで幅広い．

最近，特に大企業で注目されているのがアイデア・意見募集である．従来，新製品・サービス開発のための消費者ニーズの調査には，アンケート会社のモニター登録者に意見を聞くことが多かった．クラウドソーシングであれば，さまざまな専門性やバックグラウンドをもった人材を見つけ出し，受け身でない自主的・積極的な意見を集めることができる．

クラウドソーシングが従来と異なるのは，インターネット上で企業とワーカーが互いのプロフィールや受発注の実績を確認してから発注・受注できる「見える化」である．また，契約や入金手続き等も Web 経由で可能である．

日本のベンチャー企業や中堅・大手企業などで，新規事業を試験的に立ち上げる際に，社員を専属させる余裕がない場合，新規事業分野のスキルや経験のある人材を集めるために，最初にクラウドソーシングでテスト的な業務を発注して人材を選抜し，それらの人材にだけ本格的な業務を別途発注するといった方法をとる例も出てきている．

従来の在宅ワークやクラウドソーシングは，業務効率化やコスト削減を主目的としたものが多く，「守りの活用」といえる．これに対して，このように新規事業の立ち上げなど積極的な "攻めの経営" のためのクラウドソーシングの利用は「攻めの活用」と呼べよう．

発注側のクラウドソーシングの活用は，中小企業，ベンチャー企業から大企業まで広がりをみせるなど多様化が進んでおり，今後も継続すると思われる．

15.4. 課題と展望

デジタル社会に向かう中で，我々の「働く」ことへの価値観と，「働き方」は大きく変化している．それを加速化させているのが，デジタル化である．

コロナ禍以降，テレワークという言葉を頻繁に耳にするようになった．一般的なイメージが「企業に雇われた被雇用者のインターネットを使った在宅勤務」だが，それは多様なテレワークの一部に過ぎない．被雇用者が自宅外のサテライトオフィスやワーケーション先などで働く場合も含めて雇用型テレワークという．

もう一つの大きな柱が，働くことへの価値観の変化により，独立した立場で，インターネットを活用して仕事をする独立自営事業者・個人事業主による「自営型テレワーク」である．そして，この働き方を後押しするデジタル・プラットフォームビジネスが，クラウドソーシングである．みてきたように，自営型テレワークは2000年代初めに，主婦等がすきま時間に自宅でデータ入力作業などをするモデルからはじまった．今ではカフェや共同ワーキングスペースな

どの外出先と自宅とを活用することでシームレスに場所を選ばずに，また，ITスキルの高い人が仕事をするものまで広がっている．

　雇用型テレワークと自営型テレワークの両方とも，人々が意欲をもって働くことに役立つことが期待されている．一方で，実施においては情報管理などセキュリティ面で注意が必要な面もある．また，コロナ禍のため在宅で働く雇用型テレワークの人の中には，自宅に長時間いることでストレスを感じたり，家族に負担をかけたりしている問題についての議論もある．

　近年，働き方の多様化と働く個人の付加価値状況の目的から，副業を許容する，または促す動きが大企業を中心に広まっている．自分の仕事やキャリアを一企業内に閉じずに外の仕事をすることで，己の能力開発を継続・発展してもらいたい，という企業側からのメッセージともいえる．人によっては，社外の仕事が中心になる人もでてくるであろう．

　クラウドソーシングなどのデジタル・プラットフォームビジネスが浸透すれば，企業への所属感覚が薄れて，ワーク・タスク単位で仕事をする傾向が強まるとも考えられる．昨今の"ジョブ型雇用"の議論にも通じるものがある．

　デジタル時代の組織と個人の関係，そして個々人の働き方が今後どのように変容していくのか，そこで我々はどのようにモチベーションを維持拡大しながら働き続けていくのか，それは企業の生産性や成長にどう関わるのか，注目していきたい．

《発展学習のポイント》

1. 雇用型テレワークと自営型テレワークはどのような人がどのように働くことを意味するのか．それぞれのメリットとデメリットは何か．
2. 雇用型テレワークにおいての留意点や成果をあげるためのポイントは何か．個人と企業の両面から考えてみよう．
3. 自営型テレワークの仕事内容や働き方と，留意点や成果をあげるためのポイントは何かを考えてみよう．
4. テレワークに象徴される我々の仕事観と働き方は，デジタル時代にどのようになるのか．あなたと周囲の人のそれぞれについて考えてみよう．

「人の採用」×デジタル

「人材×デジタル」といえば「HR Tech」の分野といえる．企業の人材（人事）マネジメントは，採用・育成・配置・評価・処遇等で構成されるが，近年，デジタル活用が進んでいる分野として「人の採用」があげられる．これは，企業のみならず大学にとっても強く関係する分野である．

16.1. 採用とデジタルの関係：採用マーケティング

16.1.1. 採用におけるマーケティング思考

企業の新規採用活動は，AIDMA や AISAS などマーケティング活動に共通するところがあるため，最近では「採用マーケティング」という言葉もある．

具体的に，前述のコトラーの「5A（カスタマー・ジャーニー）モデル」を参考に，次の流れで整理できる．学生の目線で一例を示す．採用マーケティングをしかけるのがZ社で，擬似的な"顧客"が学生だとする．なお，コトラーのモデルでは，A5 は本来「推奨（Advocate）」だが，この採用マーケティング・モデルでは「同意（Agree）」とした．

① 「A1 認知（Aware）」：Z社の業界や同社自体のことを知る．BtoC 企業は知られているが，BtoB 企業は学生にはピンとこないので工夫が必要．

② 「A2 訴求（Appeal）」：Z社は他の企業と差別化を図るため，イベントやインターンシップを実施する．学生はそれに参加することで①より関心をもつ．

③ 「A3 調査（Ask）」：学生はZ社の業界・企業を調べたり，説明会に行ったりする．この後が大きな壁で，④に行くかどうかを決断．

④ 「A4 行動（Act）」：学生は面談やグループディスカッションをこなす．

⑤ 「A5 同意（Agree）」：Z社から内定をもらえたとして，同意するかを最終決断する．

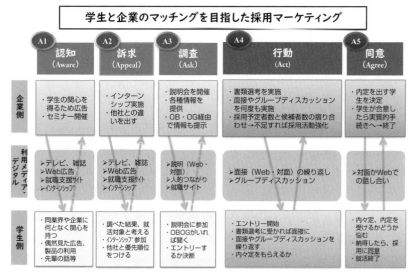

図表67　「5A モデル」と採用マーケティング

出所：コトラー，フィリップ他（2017）『コトラーのマーケティング4.0』朝日新聞出版，p.86 を基に筆者作成

　企業からの視点でいえば，選抜した学生が「納得して内定を受け入れる・入社に同意」に至ってもらうことが目的となる.

　企業と学生のやりとりの中で，対面コミュニケーションに加えてデジタルメディアの比重が年々増している. コトラーの「5A（カスタマー・ジャーニー）モデル」では，「A1～A3 は従来の伝統的マーケティングが大きな役割を果たすが，A4 と A5 にまで進むには，デジタルマーケティングが大きな威力を発揮できる」となっている. しかし，採用マーケティングの場合はむしろ A1 からA5 に進むにつれて対面の比重が多くなる傾向にある.

　ところが，コロナの影響により，対面での面接やグループディスカッションがままならず，A4 や A5 の段階でもデジタルの比重が増える傾向にある.

16.1.2.　採用でのデジタル活用の理由

　コロナ禍に陥る前まで，日本企業は労働力不足を危惧して，新規採用（新卒・中途）の積極的な採用活動を行っていた. 人材獲得競争が激しくなるなか，採

用のための各種業務が膨大になり現場は疲弊し，採用活動の関連コストもふくれあがってきた．また，新卒採用者の3割近くが入社後3年以内で辞めるなどの危惧もあり，自社の企業文化に合い，活躍できる人材をどのように見つけるのか，という問題意識も高まっていた．一方，新卒・中途の新規採用ビジネスが活発になるなか，リクルートやマイナビなどの人材サービス企業は採用関連情報のWebサービスを拡充し，同分野のデジタル化の基盤を作ってきた．

　2010年代終わり頃から，新卒採用分野でビッグデータやAIを活用したサービスを提供するベンチャー企業も登場している．例えば，1次面接は企業側の人ではなくAIプログラムの出す質問に回答して，企業とのマッチングの度合いが判断され，2次面接に進めるかどうかわかるものもある．企業側は大勢の学生の中から適性のあるものをすくい取ったうえで面接ができるので合理的といえる．一方，学生の中には「AIに判断されるのはいやだ」という意見もあれば，「わざわざ企業を訪問せずに早めに企業との適性が客観的にわかるのでよい」という意見もある．

　自社で活躍する社員の性格や行動などの大量のデータ分析から自社の適性人材タイプを導き出し，採用にあたってはそのタイプへの適合度を選考の判断基準にする企業もある．つまり，企業にはそれぞれ企業文化があり，能力的に高くても，自社で成果をあげ，かつ働き続ける人材になるとは限らない．それなら，適合度が高く，長く活躍してくれる人材を採用したい，という考えに基づいている．

　このように，採用活動の合理化・効率化においてもAIやビッグデータなどデジタル技術の活用が進んでいる．

16.2. インターンシップ・就活とデジタルの関係

16.2.1. インターンシップと就活との関係

　日本でインターンシップは一般的に就職活動（就活）中の大学3年生を対象にしたものだと思われがちである．就活学生の7〜8割がインターンシップ経験者だという調査結果が報道されたりもしている．建前として「インターンシップと就活は別だ」といわれていたが，3年生以降のインターンシップは就活に

219

関わるものが増えている．最近では，当該企業のインターンシップに参加して選抜された学生だけが，実質的な選考に進めるという場合もある．一方，教育目的のインターンシップとして，大学の2年生もしくは1年生向けのものが徐々に増えている．

　最近では，インターンシップで社会を知り企業を知るというだけでなく，インターンシップの経験を通じて自分の大学の学業で何を獲得するべきかなどの問題意識を明確にして学生生活を過ごせるようになるなど，インターンシップが果たす役割は大きくなっている．

　具体的には，低学年からインターンシップを経験して産業界や仕事について視野を広げ，内省をして，大学での専門性を考えたりしながら学業に励む．それを踏まえたうえで，3年夏の就職先選定を意識したインターンシップに進み，その後の納得がいく就活に進むという流れである．これを筆者は「インターンシップ活用による進路納得モデル」と名づける（**図表68**）．

　インターンシップの重要性が増すとともに，就活と連動していることもわかった．そして，エントリー，面接，グループワークやディスカッションなど，イ

図表 68　「インターンシップ活用による進路納得モデル」

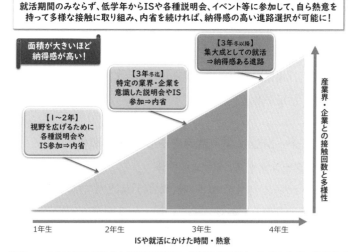

出所：マイナビ（2019）「2019年度新卒採用・就職戦線総括」p.49等を参考に筆者作成

ンターンシップと就活で体験することがかなり共通している．コロナ禍以降，その両者にデジタル化が急激に広がっている．

16.2.2. 面接，グループワーク等のオンライン化

コロナ禍になる前までは，一部の企業が採用面接でオンライン活用を進めていた．特に大都市の企業で地方から優秀な人材の採用を希望する場合や，地方企業がUターンなどの大都市の学生を採用したい場合，就活生の移動費・移動時間の負担が多いことから，採用面接の初期段階でオンラインを使う場合もみられた．ただし，日本企業の多くが対面面接への拘りを強くもち，オンライン活用は限定的であった．

ところが2020年は，コロナ禍により緊急事態宣言前後から人の移動や対面での活動は強く制限を余儀なくされ，合同企業説明会や面接などの採用活動はオンライン対応を迫られた．ここでオンライン対応に出遅れた企業は，満足のいく採用活動が難しくなり．これは学生も同様で，オンライン対応に不得手であれば，機会を逸することにつながった．つまり，採用活動のデジタル変革に乗り遅れると非常に不利になるということである．

オンライン対応に積極的な企業は，Zoom，Teams，Webexなどオンライン・コミュニケーションツールを使って説明会や面接を始めた．

オンライン面接は対面をオンライン化するだけと思うかもしれない．運用する企業側も初めてなので大変だったようだが，デジタルに強い若手社員を活用することはできるし，コストをかければ外部企業の支援サービスも使用できる．より大変だったのは学生側であった．

実際に体験した学生によると，オンライン面接を受けるうえで注意すべきポイントを知っているか，事前にトレーニングを受けているかどうかで，学生が面接官にもたれる印象はかなり変わる．

Zoomのブレイクアウトなど小グループに分けて同時並行で実施する機能を使った，オンラインでのグループ面接やグループワークは，関係者が複数になるのでさらに難易度が上がり，事前に予行演習を繰り返してきたかなどが大きく影響する．

　2020年夏は，オンライン対応ができなかった企業はインターンシップを取りやめたり，1日だけの説明会形式のものにしたりと規模を縮小した．そのため，就職支援企業の調査によると，過去何年も伸び続けていたインターンシップ受講者数が，2020年夏は初めて下がったという．

　参考として，筆者が学生のために実際に行った対応策の概要を次に紹介する．

16.2.3.　デジタル対応の実例

（1）研究室主導「産学連携 PBL 型インターンシップ」の設計と実施

　コロナ禍がいつ収束するか見通しが立たないなか，大学でのオンライン教育の普及や企業でのテレワークの一般化の動きを受けて，2020年夏に見られたようなオンラインによるインターンシップの実践が今後も続くと考えられる．

　オンラインによるインターンシップの産学連携のあり方，研修のテーマ設定，その運用方法のノウハウおよび課題発見と改善方法を探るため，筆者の研究室では「産学連携 短期 PBL（Project Based Leaning）型フルオンライン・インターンシップ」と「産学連携 長期 PBL 型オンライン・インターンシップ」を実施している．ここでは前者を紹介する．

　筆者の研究室では2019年度から，地方創生事業や IT コンサルティングで活躍する仙台の企業（以下，受入企業）と連携している．その関係で同年は同社に受入企業になってもらい，デジタルマーケティングをテーマに対面型インターンシップ（3日間）を 3 年ゼミ生対象で実施した．2020年も同形態での実施を予定していたが，コロナ禍で対面実施が困難になったため，実験的に次のようなフルオンライン型で実施した．

　同社が実際にコンサルティング業務をしている観光マーケティングや EC ビジネスの支援事業の中から，現実の経営課題の一部に学生が関わらせていただく PBL 型フルオンライン・インターンシップを実施した．ゼミの希望者たちはそれぞれ異なるテーマを割り振られたが，SNS データ分析や競合他社分析などデジタルマーケティング領域で全員が使う手法はほぼ同じという設計にした．こうして，「受入企業からのインプット → 個人ワーク＆グループワーク → 報告」のサイクルを週1日・3週間のペースで行い，最後には最終報告会

図表 69 「産学連携 オンライン型インターンシップ」の概要と解説動画

©大嶋研究室

を実施した.

　最終報告会の講評では, 受入企業の部長のみならず, 「学生と年齢が近く, 企業の目線・考えが伝わりやすいだろう」という配慮で, 同社新入社員からもコメントをいただいた.

　オンラインながら擬似的に対面型インターンシップの雰囲気を体験して「経験知」を少しでも獲得できるようにするため, 第1日の最初に受入企業の社内の様子を映像で見せて会社見学をしている雰囲気をつくり, 参加時に学生はスーツを着用して企業に赴いているイメージをもってもらった. また, 対面型のインターンシップでよくあるように, 最終発表会のみならず, その後に各自がインターンシップ参加で学んだことを短時間で明確に伝えるというワークも組み込んだ.

　このようにテーマがデジタルマーケティング領域であり, かつ受入企業がITコンサルティング企業のため親和性が高く, 実際にオンラインで新入社員研修を受けているような形で実現できた. 学生の感想から, ITコンサルティングビジネスの「形式知」のみならず「経験知」もかなり具体的にイメージできるようになったと読み取れた.

　受入企業側も「会場の用意なしで，当初から本格的な中身に入るオンライン型インターンシップは，（同社のような）IT企業としては導入しやすく，成果も見えやすい」と好印象であった．対面型のインターンシップでグループワークは以前から実施されているが，運営側にとってオンラインの運用は容易ではない．しかし，学生同士のグループワークでは利便性が高い面もみられる．

　現在，企業の現場でテレワークが普及するなか，オンラインによる協働作業は急拡大している．職場が変化していく中で，コロナ禍の先行き如何にかかわらず，フルオンライン型のインターンシップは着実に増えていくと思われる．

　今後，このような取り組みを大学で拡充するために，インターンシップの設計や実施方法を解説する動画を作成して，大学教育での水平展開を図っている．

（2）デジタル対策のインターンシップ教科書の制作，動画コンテンツ開発

　インターンシップや就活でのデジタル対策の教科書は，2020年の時点では存在しなかった．そのため，オンライン就活を勝ち抜いた4年生とオンライン・インターンシップを経験した3年生の計6名の実体験を基に，筆者が編著となって宮城大学専用のインターンシップの教科書を制作した．

　同教科書では，インターンシップの情報収集，選考・面接，グループワークやグループディスカッションなどで必要なオンライン対応・デジタル対応の勘所を，大学3〜4年生の経験からわかりやすく具体的に解説している．例えば，オンライン選考の場合，リアルタイムに行う場合の他に，自分のプレゼンを撮影した動画を企業に送って選考してもらう，というものもある．そのような場合の写り方から話し方まで，学生の経験者ならではのアドバイスがある．さらに，4年生たちにインターンシップと就活についての体験談をオンライン座談会形式で語ってもらい，宮城大学の学生向け動画教材として提供している．

　これらの専用教材を通じて低学年の早い時期からインターンシップでのデジタル対策を万全にして実際にインターンシップに参加し，多様で良質な経験を積んで，社会の動きや自分の専門分野の学修の進め方を深く考える機会になることが期待される．

16.3. 課題と展望

　「人材×デジタル（HR Tech）」の分野で，人の採用は親和性が高い．特に新卒採用の場合は，人材に関わる大量の情報から，自社の欲しい人材という採用基準にあった学生を絞りこむことに活用しやすいからである．以前は人海戦術で行っていた膨大なエントリーシートの中から選別する作業について，効率化のために好ましいキーワードの頻出度などの選定基準を設けて AI 活用で選考対象者の第 1 次集団を絞り込むというサービスもあるという．

　スピードを上げて人の作業量を圧縮するという面から，AI というよりは RPA 的な使い方である．ただ，選定基準の内容は同社の従来の企業文化や価値基準に依拠しているため，これまでの会社の枠を超える潜在性をもった若い人材の獲得につながるかは疑問が残るところである．つまり，「知の深化」に役立つ人材候補を選べても，「知の探索」を先導できる可能性は乏しくなる．

　「人の採用」については，企業にとってだけでなく，若い人材を送り出す側の大学等の教育機関にとっても極めて大事なテーマである．特にコロナ禍で，従来の対面型からオンライン化に大きく転換することになったインターンシップや就活において，大学がキャリア・インターンシップ教育としてどのように支援すべきかが大きく問われた．

　インターンシップや就活のための情報収集からはじまり，選考・面接，グループワークやグループディスカッションなど，あらゆる過程でオンライン化への対応が迫られた．定番のルールがあるわけではなく，文字通り，学生も大学も企業も手探りで対応した．

　インターンシップの実践も同様で，全面的もしくは部分的にでもオンライン化することでなんとかやりきった企業がある一方で，オンライン対応に遅れをとって中止・延期した企業は若い人材とのパイプを弱くすることとなった．

　このような変化の時に，試行錯誤しながらも物怖じせずに調整した学生は望みの結果を得やすくなり，採用する企業側もまた，望みの若い人材を獲得する可能性が高まった．学生の就活は基本的に 1 年間だが，企業の採用活動は基本的に毎年行われる．オンライン対応・デジタル活用ができている企業は，学生から見てブランド面でも向上するであろう．

　大学としては，インターンシップや就活がオンライン化する以上，それに適切に対応できる教育が求められる．誰も対応策がわからないなか，「現場のことは現場に聞く」という発想で，筆者は実際にこの波を乗り切ったゼミ生たちに依頼して教材を制作した．また，インターンシップの機会が減少したゼミ生たちのために，宮城・仙台で活発にビジネスを展開している地元のIT企業の協力を得て，週1日で3週間にわたる「産学連携フルオンライン型インターンシップ」を実施した．こうした新たな取り組みを通じて得られたことは大きい．

　企業にとっては，適切な人材が採用できれば，その後の育成・配置・評価等のプロセスも比較的スムーズに行く．そのためにも自社にマッチした人材候補との関係を，インターンシップを通じて構築していく必要がある．

　デジタルを活用することで，“人の採用”分野にはさまざまな可能性が広がっている．地方など遠隔地の優秀な人材を採用できる可能性は飛躍的に高まっている．また，単なる作業処理の効率化だけでなく，ビッグデータとAIを本質的に活用することで，自社にとって新しいビジネスの芽を生み出すのに役立つ「(知の)探索」型の人材を発掘することもできるかもしれない．

　この分野は，インターネット上での“金の採掘”のように，大きな可能性を秘めている．

《発展学習のポイント》

1. 「人の採用×デジタル」に関する複数の実践例について，優れた点と課題を整理し，改善方法について検討してみよう．

2. 新卒採用や中途採用にデジタルを活用する際に，企業が気をつけるべき点は何であろうか．

3. 学生はこれらの動きに対して，具体的にどのような準備・対策をすべきであろうか．

「教育・人材育成」×デジタル

　教育・人材育成分野では，コンピューターやインターネットの発達とともに，長い間，IT 活用による効率化が図られてきた．2000 年代に入り，インターネットの高速化やパソコンやモバイル端末の高度化が進むことで教育の IT 活用もさらに進んだ．そして，デジタル時代に入って新たな段階を迎えている．

　本章では，高等教育や企業の人材育成におけるデジタル活用について取り上げる．

17.1. e ラーニング（オンライン学習）の普及

　教育・人材育成分野でインターネットなどの活用が進んだのは 2000 年代に入ってからである．その頃から，「IT を活用した教育・人材育成」は e ラーニング（e-Learning）と呼ばれるようになった．インターネットに関係したビジネスが「e ビジネス」と呼称された発想と共通している．

　コロナ禍以降，高等教育や企業の人材育成分野において，Zoom などのリアルタイム・コミュニケーションツールを使った「オンライン学習（Online Learning）」が普及した．そのため，オンライン学習と呼ばれる場合が増えているが，これが主に「リアルタイム」を意図しているため，本書では「広義のe ラーニング」の用語を使うこととする．

　e ラーニングの普及の歴史とタイプ，実践などについて解説する．

17.1.1. e ラーニング（オンライン学習）の変遷

　1990 年代において，コンピューターの発展とともに，学校教育などに IT を導入するための研究や実験的取り組みは長い間なされていた．コンピューターを活用するものは「Computer Based Learning（CBT）」，衛星を利用するものは「Satellite Based Learning」，Web を利用するものは「Web Based Learning（WBT）」と呼ばれていた.

　インターネットが普及するにつれてビジネスが「e ビジネス」と呼ばれたのと同様，インターネット等の情報通信技術を使った学習を「e ラーニング」と呼ぶようになった.

　e ラーニング先進国である北米の影響を受けて，日本で e ラーニングの最初のブームが起きたのは 2000 年頃である．その後，停滞時期もあったが，社会全体の情報化の進展や教育研修における IT 活用ニーズの高まりを受けて，企業内教育や高等教育で広く活用されるようになった.

　筆者は国際機関の事務局に出向していた 1993 年頃から，人材育成の国際協力手段として遠隔学習（現在の e ラーニング）の調査研究や国際協力事業を推進し，e ラーニングの誕生と発展に関わってきた．2000 年代の e ラーニング勃興期において，日本における e ラーニング動向の最も包括的な調査研究成果『e ラーニング白書』（経済産業省編）の執筆を 2004 年度調査から数年間担当し，大規模アンケート調査を基にした動向分析・市場予測や，毎年数十件の企業・大学のケーススタディで定性分析を行った．また，モバイル＆スマートの普及でモバイルを活用した「モバイルラーニング」に期待が集まり，総務省主導の「モバイルラーニング協議会」の組成と事務局運営の責任を担ったりもした.

　2000 年代後半から 2010 年代前半，日本の e ラーニングは一定の普及を果たした．多種多様な e ラーニング教材開発され，アプリも増加した．世界的にMOOC（後述）など e ラーニング・プラットフォームの動きも広がった.

　しかし，先進企業や大学の取り組みを除いては，e ラーニングは一般的に教育・人材育成の補完的・支援的手段，または代替手段として位置づけられることが多かった．日本の大学や日本企業は対面重視の傾向が強く，e ラーニングを積極的に導入して代替するのに必ずしも積極的でなかったからである．そのため，一定レベルに達したまま，大きなブレイクスルーまでは果たせない状況だったといえる.

　ところが，2020 年のコロナ禍が大きな転換点となった．コロナ禍で対面接触が大幅に制限される中で，大学教育や企業の新人研修で，Zoom 等に代表されるリアルタイム・オンラインコミュニケーションツールが本格的に使われた.

そして，従来は不可能とされてきた e ラーニングの教育方法としての実践と効果が実証され，社会的位置づけのパラダイムシフトが起きたといえる．これは，テレワークでも同様である．

17.1.2. e ラーニングの新分類

筆者が 2001 年に出版した『図解 わかる e ラーニング』（ダイヤモンド社）では，X 軸に一方向 or 双方向，Y 軸にリアルタイム（同期）or オンデマンド（非同期）という基準を設定した．そこで成長が一番有望と思われたのは，「オンデマンド型×オンライン型」であった．つまり，事前に作成されたイラスト・テキスト・映像・動画などで構成されたデジタル教材を，学習者が自分の都合にあわせて学習するというタイプである．

「リアルタイム×オンライン型」は，2000 年代の段階では通信回線の速度とコストの面であまり現実的な選択肢ではなかったが，2010 年代後半にはその物理的な面は解消されていた．それでも広まらなかったのは，前述のとおり学

図表 70　e ラーニングの新分類と動向：「学びの DX 革命」

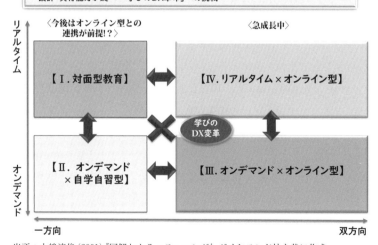

出所：大嶋淳俊（2001）『図解わかる e ラーニング』ダイヤモンド社を基に作成

習を提供する側と学ぶ側が，「リアルタイムで学ぶのは対面で」という思い込みからなかなか抜けられなかったことが大きな理由だと考えられる．

　eラーニングと対面学習を組み合わせる「ブレンディッド型」という概念も広まったが，それぞれの学習をどう連携させるのかについて開発途上の面が多かったため，本格的に成果をあげるモデルにまで昇華できた組織は多くはなかった．最近の動向を踏まえて再整理すると，次のようになる（**図表70**）．

17.1.3.　企業での活用方法

　eラーニング導入企業では，eラーニングと集合教育を融合して実施する「ブレンディッドラーニング」が一般化しており，eラーニングを特別視せず，あくまで「人材育成システムの一部」としてみなす企業が増えている．

　さらに，さまざまな面でeラーニングシステムの技術革新が進んでいる．利用ツール面では，利用者の利便性を高めるために，パソコンに加えてモバイル機器の併用によるユビキタス学習環境への取り組みから，同期・非同期の融合型利用による業務支援面の強化で学習と日常業務を一体化させる試みが進んでいる．さらに，ビッグデータやAIを活用した効果的な育成方法のトライアルも続いている．

（1）eラーニング導入方法の分類

　企業のeラーニング導入方法については，『eラーニング白書』での包括的な企業調査と数十件にのぼる企業事例研究から，研修内容と期待される付加価値を分析すると，次のタイプA～Dの4タイプに分類できる．

　「タイプA：汎用的知識」は，研修におけるeラーニング活用度が高く，すべてオンラインで実施している場合が多い．1回のeラーニング受講者数が非常に多いのはこのタイプである．このタイプは既製コンテンツが多く，運営管理もパターン化されていてアウトソースを利用しやすく，実施企業が最も多い．そのため，eラーニング導入初期の企業はこのタイプから始める場合が多い．また，全社一斉教育の敷居が高い場合は，パソコンスキルが高くeラーニング利用への抵抗感が低いと思われる若手社員や内定者を対象とした汎用的知識研修から導入している．例えば，コンプライアンス研修，ITスキル研修などが

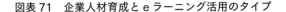

図表71　企業人材育成とeラーニング活用のタイプ

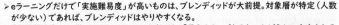

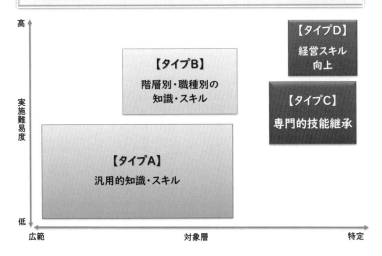

代表的なものといえる．

　これはeラーニングの特長を引き出したアプローチだが，知識を広く広める
というレベルに留まっており，最低限の活用といえる．しかし，このタイプで
満足してしまっている企業は少なくない．eラーニングの活用方法といえば，
これしか思いつかない企業の担当者もいる．意欲的な企業は，これをeラーニ
ング導入の試金石と捉え，その課題抽出と運用方法への理解を深めたうえで，
次のタイプB・C・Dに進んでいる．

　「タイプB：階層別・職種別の知識・スキル」は，階層別研修や職種別研修
の補完手法としてeラーニングを利用するものである．事前学習や事後学習と
して，知識習得・確認にeラーニングを利用して研修の重要部分は集合研修で
行う，基本的なブレンディッド型研修の場合が多い．また，IT技術者研修な
ど特定の職種対象の場合にeラーニング活用度が高くなる場合もある．

　このタイプの場合も既製コンテンツはあるが，自社の独自性が高い研修内容
は新たにコンテンツを開発している．以前はeラーニング提供企業への外注が

大半であったが，最近ではコンテンツ作成が容易になり，内製化が進んでいる．

　「タイプC：専門的技能継承」は事例としてまだ少ないが，「2007年問題」とされた団塊世代の大量退職を受けて増加傾向にある．専門的技能はOJTでないと教えられないといわれていたが，専門的技能習得の反復学習にeラーニングは適していると認知されている．例えば，製鉄系や重化学工業系の企業では，高度専門技能者の作業過程を動画撮影して関連情報を統合し，若手社員向けのデジタル教材として利用されている．最近では，このようなデジタル教材を作成する専用の機材が開発されており，実施が容易になっている．

　「タイプD：経営スキル向上」は事例としては少なく，また4つのタイプのなかでeラーニング活用度が最も低い．高度なマネジメントスキルの習得は集合研修が基本となるが，幹部候補生育成のための一部科目で知識補強に導入されている．また，グループ学習の一環として，経営シミュレーション教材を利用する場合もある．日本では少ないが，欧米や韓国などのグローバル企業では，マネジャーのグローバルな育成のためにeラーニングを積極的に組み込んで研修を実施する例もある．

　eラーニングを積極的に活用して高度な人材育成活動を行っている企業ほど，複数のタイプを組み合わせて活用している．

（2）業務コミュニケーションツールとeラーニング

　このように，さまざまな教育研修目的のためにeラーニングが活用されている．そして，教育研修目的だけでなく，ITシステムの特徴を活かした協働のためのコミュニケーションシステムとしての機能も果たしている．例えば，eラーニング導入企業におけるeラーニング（システム）を応用した活用方法としては，「社内コミュニケーションで活用」「社内の遠隔会議で活用」などが広く使われている．

　最近では，Zoomなどのオンライン・コミュニケーションツールが容易に導入・利用できるので，業務コミュニケーションツールとeラーニングシステムの垣根は低くなっている．

17.2. MOOC の登場と普及

17.2.1. 概要

近年，e ラーニングの普及の面で大きな変化があったのは，企業よりはむしろ大学である．それも，各大学の取り組みというよりは，グローバルな規模での「大規模公開オンライン講座（MOOC：Massive Open Online Course）」の世界的な普及である．MOOC とは，世界規模で著名な大学等が連携して，インターネットで有名教授の講義を無料で提供するプラットフォームのサービスである．各大学が個別に行うのではなく複数の大学がプラットフォームを共同構築・運営しているのが特徴である．代表的なものとしては，米国のスタンフォード大学の教員が中心となって発足した営利団体の Coursera，MIT やハーバード大学が出資した非営利団体の edX などがある．

著名大学の講座を無料で公開する取り組みは，MIT の OCW（Open Course Ware）などに代表されるように 2000 年代から始まっていた．そして，MOOC は 2012 年頃から爆発的に広まっている．OCW は，講義のシラバス，講義資料，講義の映像などを無料で提供するだけで，基本的に提供側からの一方向的なものであった．これに対して MOOC は，講義の資料や映像だけでなく，講義の学習活動支援や履修認定なども組み込んでおり，インタラクティブで本格的な「無料のオンライン認定講座」的なものだといえる．MOOC はクラウドを利用することで，十万人規模のコース運営が可能となっている．

MOOC が普及している背景には，世界的に通信環境の改善やモバイル端末の性能向上で，学習者が利用しやすくなっている，大学側も安価で運営しやすいクラウドサービスを利用して提供しやすくなったなどの点がある．さらに，大学があえて著名大学の講座を無料公開しているのは，高等教育のグローバルな競争激化で世界中から優秀な学生を集めるのが生き残る最有力手段であり，そのために MOOC が有効な手段だと考えているからである．

MOOC の利用は若者に限らない．若手のビジネスパーソンが自分のスキルアップのために取り組んでいる例も少なくない．また，学習する仲間を見つけて対面などでも集合して一緒に学習している場合もある．

17.2.2.　国内の動き

　MOOC の世界的な動きを受けて，2013 年 10 月には，日本版 MOOC の普及・拡大を目指し，日本の高等教育機関が中心となって「日本オープンオンライン教育推進協議会（JMOOC）」を立ち上げた．JMOOC は，複数の講座配信プラットフォームをまとめるポータルサイトの役割を果たしており，NTT ドコモ社とドコモ gacco 社が提供する「gacco」，ネットラーニング社が提供する「OpenLearning, Japan」，放送大学が提供する「OUJ MOOC」を JMOOC 公認の配信プラットフォームとしている．2021 年 1 月時点で，JMOOC は「累計 430 講座，120 万人以上が学習」としている．

　グローバルにも日本国内にも広がっている MOOC だが，課題がないわけではない．MOOC の実際の講座修了率は数パーセントに過ぎず，講座内容の体系化も不十分な点がある．また，どこまで無料で続けられるのかという点も議論されている．まだ課題も存在するが，MOOC のグローバルな流れが変わるというよりは，改善が続けられていくと思われる．

17.3.　大学でのオンライン学習

　コロナ禍以降，大学でオンライン講義が大幅に導入された．今後，さまざまなところで検証がなされるであろう．ここでは，筆者が 2020 年度に行った経験の中から，シンプルだが意外に重要だと思われる点について紹介する．

17.3.1.　大規模オンライン講義での双方向性

　オンラインでの多人数講義における双方向性に絞って述べる．2020 年度前期，コロナ禍によりすべての担当講義をオンラインで実施した．本務校と非常勤先の各担当講義の履修者は，多い講義で約 450 人，少ない講義で約 50 人，当該学期の合計約 900 人であった．ツールは基本的に Zoom を活用した．

　オンライン講義で双方向性の乏しいものは，受講者にとって退屈なものになりがちなため，少しでもインタラクティブにと，Zoom 上で学生に問いかけて答えてもらったりを繰り返してみたが，通信上の問題でタイムラグがあったり，はかばかしい回答がないと議論が滞ったりした．

　また，企業を招いての産学連携講義の場合，双方向性がないと企業側も張り合いがなくなる．そのため，徹底的に"チャット機能"を活用することにした．まず講義が始まったら，回答しやすいクイズを出して，学生にチャットを記入する気持ち（マインド）になってもらう．その際，記入時間を曖昧にせず，"60秒""90秒"などと明確にタイマーをかけて音が聞こえるようにした．

　数百人の講義で一斉にチャットの記入がはじまるとなかなか壮観で，受講者はそれを見ることで参加意欲が高まる．質問は硬軟おりまぜたり，時には投票機能を使ったりして全員の回答がグラフ化して見られるようにしたりもした．このサイクルを2〜3回行うと，学生たちは「この講義は参加型だ」という姿勢で講義に参加するようになった．また，企業を招いての講義の場合は，オンライン講義のリハーサルを1時間以上行うことで，この流れをよく理解いただいたのでスムーズに実施できるようになった．

　重要なポイントは，「他の学生の書き込みを見ることで，感心したり奮起したりして自分も能動的に動く」という協同学習が成立した点である．講義後アンケートでも8割の学生がこの方式を次年度も採用を希望していた（残りの2割は，コロナが収束すれば，対面授業を希望と回答）．

　一般的に，教育の双方向性に関しては，オンラインより対面講義の方が遙かに高いといわれている．しかし，大人数の対面講義になると，学生は発言や質問を躊躇してしまうため，結局は一方向になりがちである．ところが，このシンプルなツールを計画的に多用することで，One to One マーケティング方式が成り立つようになったのである．いろいろと改善点はあるが，シンプルなオンラインツールでも有用な結果を引き出しうる例といえる．

17.3.2. オンラインでのグループワーク学習

　筆者が担当する経営系科目では，企業事例を事前に読み込んで討議項目への自分の考えを学生が事前準備したうえで討議に臨むケース学習を採り入れている．この実施において，Zoom のブレイクアウトを使って数回実施した．

　オンライングループディスカッションの実施方法は事前の講義の時に図示化して説明して，やり方を理解したうえで臨んでもらった．講義当日は，最初に

5分だけ実施方針を説明してから，30分間×2回のオンライングループディスカッションで実施し，最後の時間は講評にあてた．学生たちは2回経験すると勘所を摑んで，3回目からはかなりスムーズに実施できるようになったのが明らかに見て取れ，学生の感想も同様であった．

このように，難しいと思われているオンラインでの双方向・多方向教育は，専門科目においても講義設計とオンラインツール運用の工夫により，学生がグループディスカッションやグループワークを自律的に実施することが可能である．このような経験を積んでおくことで，インターンシップや就活でのオンライン対策にも役立つと思われる．

以上はささやかな実体験だが，これから改善と拡張を続けていき，改めてまとめたいと考えている．

17.4.　課題と展望

eラーニングは，2000年代から高等教育や企業内教育において広がった．コロナ禍以降は，リアルタイム型も急速に普及している．積極的に利用されるほど，問題点や改善点の議論が活発になっている．

2000年代から2010年代半ばまで，eラーニングに対する不満としては次のようなものが多かった．例えば，「eラーニングのキャッチフレーズは"いつでも，どこでも学習できる"だが，実際には，移動中の学習にはパソコンが必要で，LANがないとまともな学習ができない」「システム導入費やコンテンツ作成費が高い」「運営側から見て，運営が複雑・煩雑である」「自分でコンテンツを作成するのがむずかしい」「学習したいコンテンツが少ない・足りない」「コンテンツが電子紙芝居みたいで面白くない」「人との交流が少ないので，単調になってモチベーションが続かない」など多々あった．これらの批判は大きく分けて，①通信機器や通信環境の問題，②システムの構築・運営の問題，③コンテンツの問題，④モチベーションの問題などに分類できた．

2010年代半ば以降は，最初の2つの問題はかなり解決した．通信速度は速くなりコストは下がった．システムは自前で構築せずにアウトソーシングが主流になり，eラーニング・ベンダーも増加して価格も下がった．

③や④については，すべてを対面講義や対面研修に求めても無理なように，eラーニングに対しても同様だということがわかっている教育関係者や企業の人事担当者であれば，対処方法はいろいろと準備できる．また，学習者にもeラーニングの可能性と限界の両面をよく理解してもらうことも必要であろう．

eラーニングで足りない部分は対面講義と組み合わせたブレンディッド型にするのは誰しも思いつく．それをどう有効に作用できるようにするかは，専門家や教育責任者の知恵の見せ所になる．

MOOCに代表されるように，eラーニングによって教育機会は飛躍的に増大している．自分の手にある教育に不足を覚えるなら，これらデジタル時代の教育サービスを自ら積極的に使えば良い．かなりのコンテンツが無料で学習できる点は画期的だといえる．

企業では本社や研修所に集まっての集合研修は大きく減り，在宅勤務中でもサテライトオフィスでもワーケーション先でも，積極性とWi-Fiなどがあれば，自分の能力を高める機会を手にできる．つまり，デジタル社会における「学びのデジタル変革」とは，eラーニングなどのデジタル面だけでなく，個々人の学びに対する主体性と持続性を浮き彫りにするものともいえる．

今後は，ビッグデータやAI，モバイルやxRといった新たなデジタル技術を既存のeラーニングやブレンディッド型に組み込んで，成果をあげていくなど，発展の余地はまだまだ残されている．

《発展学習のポイント》

1. eラーニング（オンライン学習）の複数の実践事例を調べて，優れた点と課題を分析して，改善策を検討してみよう．
2. eラーニングやMOOCのようなサービスを自分で体験してみよう．その結果，効果があがる活用方法を考えてみよう．
3. 大学教育におけるeラーニングの活用は，今後，どのようにすればよいであろうか．学生の視点，教員の視点の両方から検討してみよう．

18. 「地域創生・観光マーケティング」×デジタル

　日本の経済社会の今後を左右する大きな課題が地域創生・地方創生であり，デジタル活用に大きな期待がかかっている．テーマが極めて大きいため，本章では，地域創生・観光分野におけるデジタル活用を取り上げる．具体性をもたせるために，筆者が東北復興支援を目的に地域創生[27]・観光マーケティング分野で産学連携 PBL プロジェクト活動として取り組んでいる実践事例を題材に，産学連携でのデジタル活用やデジタルマーケティングの可能性についてまとめる．

18.1. 地域創生としての観光・まちづくり

　超少子高齢・人口減少社会が進むなか，首都圏など大都市への一極集中と地方衰退が日本社会の大きな課題となっている．日本政府は，2014 年頃から，地方の人口減少に歯止めをかけ，日本全体の活力を上げることを目的とした“地方創生”を掲げて一連の政策を遂行してきた．

　巨額の予算が投じられてさまざまな試みが続いているが，是正はなかなか難しく，地方の中でも地域格差が生じている．そのようななか，日本の地方全体で注目されているのが，観光を通じたまちづくり・交流人口の拡大や，デジタルを活用した地方での創業などである．

　観光促進は，単なる誘客にとどまらず，大都市在住者など域外との交流の拡大や将来的な移住者の獲得，地元での起業を期待している．そして特に期待が大きかったのが，過去数年で急激に膨れあがり 2019 年には訪日外国人が 3000万人を超えたインバウンド観光であった．2020 年夏に予定されていた東京オリンピック・パラリンピックを契機に，さらに 4000 万人にする計画を政府は

27　政府の政策文書の中では「地方創生」だが，地方と中央を分けて捉えすぎだという意見もある．そのため本書では，基本的に「地域創生」という用語を使う．

立てていたが，コロナ禍により停止している．

　最近では，テレワークの普及に伴い，大都市を離れて地方や観光地で働く"ワーケーション"が注目されている．市場がどれほど広がるかは未知数だが，全国の地方が名乗りをあげるなか，他地域と差別化できるかが重要になる．

18.2.　観光・まちづくり分野における産学連携の広がり

　地域創生としての観光・まちづくりは，新たな可能性が眠っているようにみえる．ただ，それをどう行うかが課題である．そのよう状況下で増え続けているのが産学連携プロジェクトである．

　地域・地方は取り組みの多様化のパートナーとして大学に期待する．一方，超少子化の影響を受ける大学は，地方の企業や行政等と連携して観光・まちづくりなどの地域活性化に関わることで，大学独自の魅力造成につながり，実社会の課題を知るという意味で学生の教育にも役立つと期待する面がある．2010年代から全国的に「地域創生」「地方創生」的なキーワードを学部の名前の一部に組み込む新設学部が増えたことも影響している．また，地域活性化について研究や実践に教務をもつ教員が増えている面もある．この動きは地方大学に限らず，首都圏など大都市の大学が特色を出して差別化を強めることを意識して活発化させている面がある．

　大規模大学の多くは地域連携センター的な組織を立ち上げ，地方の行政・企業・NPO等と組んで，学生が現地に赴き，地元の課題を学び，その解決案を提案するというアクション・ラーニングやPBLと呼ばれる活動を広げている．実施形態はさまざまで，単位取得ができる正規の講義，特別セミナー形式，ボランティア活動扱い，さらに各研究室（ゼミ）での独自活動であったりする．

　このような活動が活発な地域のひとつが，2011年3月11日の東日本大震災で甚大な被害を受けた太平洋岸の東北3県（福島，宮城，岩手）である．東日本大震災の遺構を訪れたり，災害時を伝える"語り部"の話を聞いたり，復興のために尽力する地元の企業家たちと対話したり学べることが多いのが特徴である．また，残された多くの課題の中から，大学生が若者目線で提案できる要素を見つけて，活動の最後に報告会を行って地元からコメントをもらうという形

式が一般的である.

次に，筆者が2016年から東北で実践した活動の概要を紹介する.

18.3.【実践例】東北再生を目指す産学連携 PBL ×デジタル

東日本大震災の復興支援の一助になることを目指し，筆者は2016年から東北の大学で仕事を始めた．これまでに福島で6件，宮城で5件，観光・デジタルマーケティング（観光プラン造成，商品開発，PR 動画制作等）手法による産学連携 PBL プロジェクトを実施した．その一部は，発展的に PBL 型長期インターンシップになっている.

各プロジェクトの詳細は，筆者の研究室の公式サイトに掲載している．ここでは共通となるポイントを整理する.

(1)「成果の見える化」「後に残る成果」の創出

「成果の見える化」と「プロジェクト終了後も地元で活用できるような成果の創出」を目指して，PBL 実施時に共通して心がけている点がいくつかある.

図表72　東北再生を目指す産学連携 PBL プロジェクトの例

第1は，「観光 PR 動画の企画・制作・周知，SNS マーケティングなどデジタルの活用」である．地元も学生も関心が高く，訴求力も高く，これからのデジタル時代に必要な分野だからである．

第2は，映像に加えて，「新商品の開発・プロデュース」である．若者の感性を活かしたスイーツの開発，地方の銘品を集めたプロデュース，リンゴのスパークリングワインであるシードルの新商品開発などを行っている．また，大手旅行会社の協力を得て，観光プランの造成なども行っている．そして，これらをデジタル活用で広めている．

第3は，上記の1と2などを活用した，「ネットとリアルの融合：O2O，OMO の実践」である．人が集めたリアルなイベントなども開催して，地域への訴求力を高めるとともに，学生たちにデジタル活用力のみならず，さまざまな人とのコラボ活動を通じた協働力の向上などを目指している．

(2) 学生が目指す経験と能力向上

獲得して欲しい能力や重要事項として，PBL 開始時に学生に提示するのは次のとおりである．

①志を立てる

・「復興支援×自己の成長」への本気度を示す

②実践力を培う

・報・連・相(報告，連絡，相談)×継続力

・(自律型)リーダーシップ×チームワーク×プロジェクトとしての効率性

③知識・スキルを身につける

・緻密なリサーチ＆スタディ×ロジック構築

・デジタルの有効活用を習得

単にスキル習得や経験を積むだけでなく，最初に「志」を立てることが大切だと考えている．そして，PBL プロジェクト終了後は，自己評価と他者評価を行って振り返りを実施している．

これからも，「産学の継続的な関係性構築」と「目に見える成果創出」が実現できるように，プロジェクト評価軸の開発やデジタルマーケティング手法の

研究を継続する予定である.

18.4.　地域ブランディングへのデジタル活用

　最後にまとめをしたい．地域創生を目指したまちづくり・観光の活動は，“地域ブランディング化”といえる．一般的に次のプロセスをたどる.

　「地元の観光資源・価値を再認識」という魅力発見を行う．これに「意味づけ・磨き上げ」で「見える化」を図る．そして，「磨き上げ資源の認知拡大」のための情報発信を行う.

　ではこのプロセスを実践し，効果を上げるために必要なのは何であろうか.それがまず方向性を示す“（地域活性化）リーダー”人材の存在であり，成果を外部に魅力的に発信しながら，データ分析で次の一手を生み出せるデジタルマーケティングである.

　このような活動が動き続ける重要な要素が，活動を担っている関係者やそれを取り巻く地域の人々の“内の共感”と，デジタルマーケティングを通じて外

図表 73　地域ブランディングとデジタルマーケティングの関係

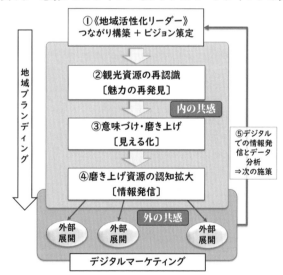

出所：飯盛義徳（2015）『地域づくりのプラットフォーム』学芸出
版社，p.15 に筆者加筆修正

に発信していく外部の人々の"外の共感"である.

　地域創生をまちづくり・観光分野で推し進めていくには,"地域ブランディング化"にリーダー人材の育成とデジタル活用を組み込んでいく必要があろう.

《発展学習のポイント》

1. デジタルを活用した地域創生・観光マーケティングの実践事例を調べて,優れた点と課題を分析して,改善策を検討してみよう.

2. デジタルを活用した地域創生・観光マーケティングとして,自分なりの企画を考えて,その魅力と留意点を分析してみましょう.

3. 産官学連携でデジタル活用型の地域創生・観光マーケティングを効果的に推進していくために,大学,企業,行政のそれぞれの視点で検討してみよう.

【参考文献・情報】

ビジネスとデジタル化，デジタル変革 (DX)，デジタルマーケティングなどについては，数多くの書籍や定期刊行物が出版されている．さまざまなものを確認したが，最も利用したのは政府が発行している白書や調査レポート等であった．これらの多くは，インターネットから無料で入手できる．本書で紹介した図表やデータについて詳しく知りたいときは，是非，ご自身でダウンロードして内容を確認することをお勧めする．

総務省『情報通信白書』各年版

　※毎年出版される日本のICT環境やビジネスの全体像を理解するのに最適．インターネットで全文が公開．概要版やKids版などもある．

総務省「通信利用動向調査」各年版

　※本調査結果の多くが『情報通信白書』で活用されている．「世帯編」と「企業編」がある．

総務省・経済産業省「情報通信業基本調査」

　※情報通信企業の実態を把握し，情報通信政策の基礎となる資料．

　少し大部になるが，次の書籍もおすすめである．

宮川公男／上田泰 (2014)『経営情報システム〈第4版〉』中央経済社

　※特に，企業の経営情報システムについて詳しい．

コトラー／アームストロング／恩藏 (2014)『コトラー，アームストロング，恩藏のマーケティング原理』丸善出版

　※米国の有名なマーケティングの教科書．読みやすく，事例も豊富な良書．

　他にも数多くあるので，書店で手にとって自分の関心に合ったものを選ぶことをお勧めする．

　デジタル経営学にかかる分野は多岐にわたり，デジタル関係の文献・情報は続々と新しいものが誕生している．それらは，筆者研究室の公式サイトで紹介予定である．

【大嶋 淳俊 研究室／デジタル経営学 研究所 公式サイト】

https://oshima-lab.wixsite.com/research

【索　引】

【著者紹介】

大嶋 淳俊（おおしま あつとし）

■公立大学法人 宮城大学 事業構想学群／事業構想学研究科 教授
■研究分野：デジタル経営学，経営リーダー育成，eビジネス，マーケティング，観光ビジネス，地域活性化，多様な分野のIT活用，キャリア・インターンシップ
■略歴：大手シンクタンクにて，「経営・人材育成」「デジタル・IT活用」「グローバル」を軸にリサーチとコンサルティングを展開．APEC（アジア太平洋経済協力）人材育成事務局へ出向し，各国ビジネススクール等の経営教育機関の組織化，マネジメント向けカリキュラム・教材開発，異文化マネジメント，eラーニング等の国際プロジェクトを推進．国際機関や研修機関での講師，政府・自治体等の各種委員会委員も務める．政府系組織で海外経営幹部リーダーシップ研修を約10年間継続して実施中．
東京大学大学院 修士課程修了（修士），博士課程満期退学
■主要著書・論文：
『eビジネス＆マーケティングの教科書』『情報活用学入門』（学文社），『図解 わかるeラーニング』（ダイヤモンド社），『キャリアデザインへの挑戦』（共著，経営書院），『情報教育事典』（共著，丸善）他多数
■映像作品：復興支援・地域活性化のための観光促進動画を30本以上制作（日本語版，外国語版）
■研究室公式サイト：大嶋 淳俊 研究室／デジタル経営学 研究所
https://oshima-lab.wixsite.com/research

デジタル経営学入門
〜 IT経営，eビジネス，マーケティング編 〜

2021年4月30日　第一版第一刷発行

著　者　大嶋　淳俊

発行者　田中　千津子

発行所　株式会社 学文社

〒153-0064　東京都目黒区下目黒3-6-1
電話　03（3715）1501 ㈹
FAX　03（3715）2012
https://www.gakubunsha.com

ISBN 978-4-7620-3075-8